栃木の近代化遺産を歩く

―建築に見る明治・大正・昭和―

岡田義治
市田登

随想舎

はじめに

岡田 義治

本書で扱う近代化遺産は「近代化の過程で造られた建築物の遺産（抄）」である。

本書の元となった書は『栃木県近代化遺産（建造物等）』総合調査報告書　二〇〇三年栃木県教育委員会である。その後、新たに『栃木県近代和風建築』の調査報告書（二〇一八年栃木県教育委員会）が刊行された。その両刊行に調査委員として参加させていただいた。

この調査の目的は近代の産業・交通・土木などに関する建造物等が近年の技術革新や産業構造の変革で急速に失われつつある、という認識で「近代化の過程で造られた建築物等について、現状を把握し、その沿革・構造等調査を実施し、基礎資料を収集する」というものであった。

この両調査書のように建築物を一堂に全てを扱いたかったが目的は果たせなかった。どうあがいても時間・経費・立場の不足があった。

これに先だって『日本近代建築総覧』―各地に遺る明治大正昭和の建物―（編集　日本建築学会　一九八〇年三月）が出版された（主査・村松貞次郎）。その収録した建築物件数は国内で一万三二四六にもおよぶ。リストは都道府県と建物ナンバー・建築名・所在地・建築年・構造概要・設計者・施工者・備考の順序で、何の変哲もないがその裏には大変な苦労がある。

栃木県の場合は、収載件数二二六（現有件数二一七）となっているが、四〇年も前のことで現在はどのようになっているか、見当がつかない。また、近代和風建築については調査の対象外としてあるが、近代和風をどうするのか、についてはその当時から議論はあったが、遅きに失し、やっと栃木県では平成三〇（二〇一八）年三月に報告書が刊行された。

思い起こせば、栃木県にこのような風潮が芽生えたのは、県建設業協会の丸山光太郎氏と柴田智男氏であった。丸山氏は「歴史・文化研究の重要性に着目し、グループで活動して成果を上げよう」と提案した。柴田氏は「工学博士に着目し、文化活動を行うにあたって、いつも身近にいて、いつでも文化活動の相談に乗ってくれる人がいることが大切である」と説いて、歴史・文化活動に意を注いだ。建設業や全産業でメセナの地域・文化活動を展開するつもりでいた。まさに地域の歴史的素養を持った人材の育成を課題とした。

そんなことがあって、最初に飛び込んで来たのは、

◆「下野教育―新教育会館落成記念号―」に栃木県総合教育会館建設委員会のメンバー阿部英夫（当時宇都宮工高校教諭）教諭とともに選出され、会館の基本構想をまとめた。（一九七九・九　栃木県連合教育会）

◆「建築様式　スライドで保存（旧宇都宮商工会議所）」商工会議所の保存を要望したがかなえられず、スライドで保存した。（一九七九・一〇　朝日新聞）

◆「栃木県の建築文化」を考えるにあたって、まずリストづくりをしよう、ということになって、県建築士会の仲間と、青年部の調査研究委員会（一一名）を立ち上げて「栃木県の建築文化」リスト編を発行した。〈歴史的環境の保全が目的〉であった。（一九八五・一　栃木県建築士会）

◆栃木県の県庁舎の保存と活用についても提言をした。これには県建築士会が取組んでくれた。そして「要望書の提出経過と今後の課題」という小冊子をまとめた。（一九九五・九）

◆「青木別邸の研究」を出版。（二〇〇一・一一

随想舎）

◆「宇都宮城の研究」宇都宮城の築城、中世・近世・近代の宇都宮城と城主、宇都宮城の建築などをまとめた。（二〇〇七・一一　日本建築学会関東支部栃木支所）

一方、あらゆるメディアを通して若手育成等の立場から建築論等を展開したもの。

◆文部省教員海外派遣団・平成元年度・第15弾・主要訪問視察国（ノルウェー・スイス・アメリカ）に参加して、主に各国の教育委員会を訪問し交流につとめた。（一九八九一〇〜一一　文部省）

◆「課題研究の実践報告」その1【第17回東日本建築教育研究会】（一九九一・CADによる設計の製図のプログラミングほか／一九九二・第2回宇工高建築展の内容ほか／一九九三・第3回宇工高亀匠会会長賞ほか／それぞれ年度の作品発表）

◆「日本人建築家による台湾の近代建築について」で、現存している建築物を調査して発表した。（一九九二・四／一九九二・八　日本建築学会関東支部栃木支所）

◆全国工業高等学校協会「工業教育・11月」で「ドイツの建築と建築教育について」と題して海外研修を実施。（一九九六　七月一九日〜八月二一日の三四日間／ベルリン工科大学、アーヘン工科大学のほか、バイエルン州建築会議所、ベルリン建築家協会、ハンブルク建築家会議所、建築設計事務所・建設会社等を廻り研修した。その報告）。

◆栃木県歴史文化研究会「歴文研創立25周年記念事業」において講演・発表されて収録された。（「宇都宮の近代建築」一九九二・一〇／「日光の近代洋風建築」一九九五・四／「那須野が原開拓の建築ー青木周蔵那須別邸を中心に」一九九七・七／「栃木県の近代化遺産」二〇〇一・八

◆東大大学院教授「建築史と建築士ー時代を創る」の巻頭言のもと、建築士一四名が語る、それぞれの「20年前の建築士と今の建築士」。（二〇〇三・三　日本建築士会連合会・「建築士」）

◆「栃木県庁舎本館について」（二〇〇三・六　栃木県文書館だより第34号）

◆※「産業と教育」の四月号に「専門教育におけるキャリア教育」と題して論文を発表。（二〇〇四・四　「産業と教育」）

◆「亀井茲明コレクションに関する総合的研究」科学研究費補助金（基礎研究）研究成果報告書（東大大学院人文社会系研究科教授・木下直之）に参加して「松ヶ崎萬長と亀井茲明」をまとめて報告書にした。（二〇〇五・三　研究者代表木下直之）

◆「専攻建築士制度」を信頼される建築士として定着するために、座談会を開いた。日本建築士会連合会会長・藤本昌也氏との議論は、法的制度と職能制度の役割分担についてなどであった。（二〇〇六・一二　建設通信新聞）

◆「日本近代建築大全（東日本篇）」監修　米山勇が現存する作品（五六七）を収録した近代建築図鑑を出版した。その執筆に加わり一端を担った。（二〇一〇・五）

◆シンポジウム・未来に響け「石の声」で郷土の建築家・更田時蔵について語った。（二〇一三・一一）

◆「文化財建築士の育成」について提案した。（二〇一三・一　日刊建設新聞）

◆「栃木県に遺る学校建築（明治の建築）とその歴史」栃木県に九棟遺る明治の建築について調査したもの。（二〇一四・一一　栃木県連合教育会）

丸山光太郎・柴田智男両名とも他界され、立ち消えになってしまった。しかし、このままの状態で良い訳がない。意を決して取り組んだ。

栃木の近代化遺産を歩く──目次

県東地区

県西地区

県南地区

県北地区

栃木の近代化遺産を歩く

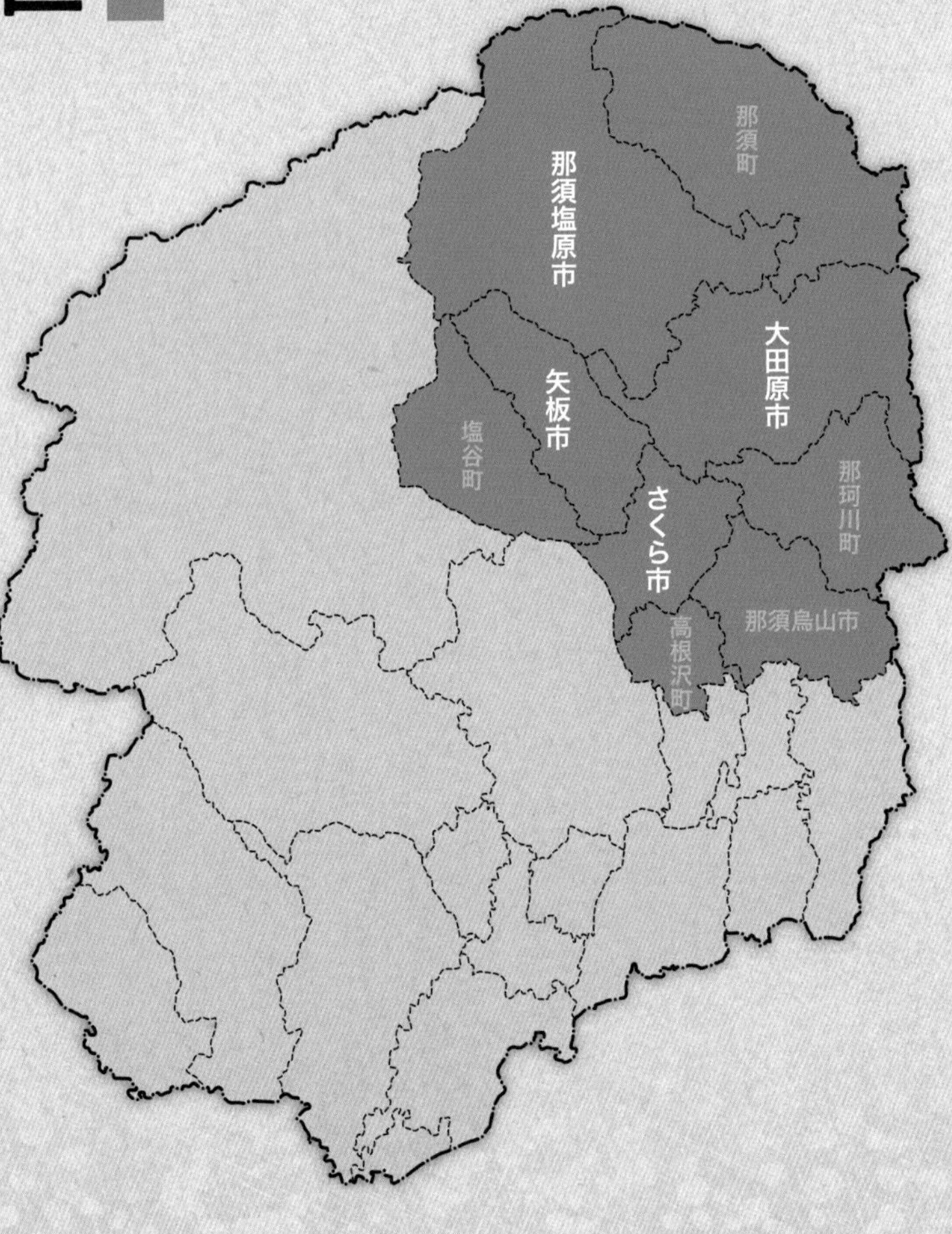

県北地区

県北地区で近代化を象徴する事業が、那須野が原の開拓と鉄道の敷設だった。

現在の那須塩原市を中心に広がる那須野が原は、明治一一（一八七八）年の県営那須牧場開設以降、政府の殖産興業政策に基づいて開拓事業が展開された。民間での殖産興業の先駆けとなったのが、明治一三（一八八〇）年に山形県令三島通庸《みちつね》を実質的指導者として開設された肇耕社《ちょうこうしゃ》と同年に地元の有力者である印南丈作《いんなみじょうさく》や矢板武を中心に創設された那須開墾社だった。翌一四（一八八一）年、大山巌・西郷従道《つぐみち》による加治屋開墾場と青木周蔵による青木農場などが開設以降、華族たちによる農場経営が本格的にはじまった。そして明治一八（一八八五）年、念願の那須疏水が開削されると、翌一九年には日本鉄道第二区線（現・JR宇都宮線）が宇都宮―那須（現在の西那須野）駅間で開業し、那須野が原の近代化を後押しした。

那須野が原での農場経営とともに建てられたのが華族たちの別荘である。その先駆けが、明治二一（一八八八）年に建てられた洋風の青木別邸で、以後、別荘は避暑に利用されながら、別荘を拠点に農場経営にもあたっていた。

このほか、那須野が原開拓にも尽力し、栃木県の政治・経済に大きな足跡を残した実業家の瀧澤喜平治《きへいじ》の邸宅や銀行跡の建造物は、街道や河川、鉄道といった交通の要衝地に残されており、地域の経済を支え続けてきた証人として今に伝えている。

県北地区

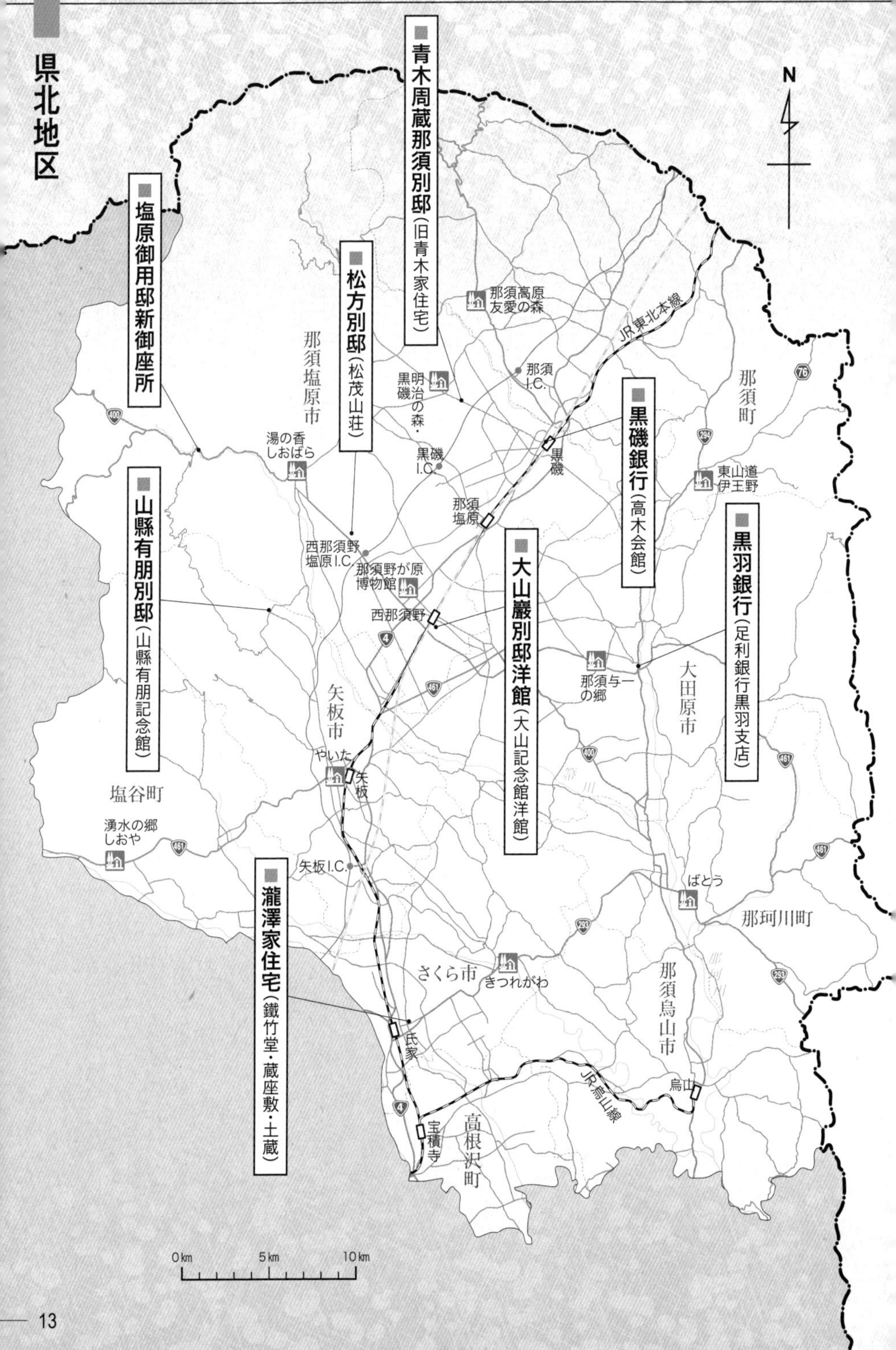
N
青木周蔵那須別邸(旧青木家住宅)
塩原御用邸新御座所
松方別邸(松茂山荘)
山縣有朋別邸(山縣有朋記念館)
黒磯銀行(高木会館)
大山巖別邸洋館(大山記念館洋館)
黒羽銀行(足利銀行黒羽支店)
瀧澤家住宅(鐵竹堂・蔵座敷・土蔵)
那須高原友愛の森
JR東北本線
那須I.C.
明治の森・黒磯
那須塩原市
湯の香しおばら
黒磯I.C.
黒磯
那須塩原
西那須野塩原I.C.
那須野が原博物館
西那須野
那須町
東山道伊王野
那須与一の郷
大田原市
矢板市
やいた
矢板
塩谷町
湧水の郷しおや
矢板I.C.
ばとう
那珂川町
さくら市
きつれがわ
那須烏山市
氏家
JR烏山線
烏山
宝積寺
高根沢町
0km
5km
10km

正面全景

青木周蔵那須別邸（旧青木家住宅）《あおきしゅうぞうなすべってい（きゅうあおきけじゅうたく）》

【重要文化財】［所在］那須塩原市（旧黒磯市）青木771-2［建築年］明治21年・明治42年増築［設計］松ヶ崎萬長［施工］初期：長郷泰輔　後期：中島寅之助

子《し》爵《しゃく》青木周蔵（一八四四〜一九一四）を建築主として、明治二一年に建てられた洋風の別荘。青木は明治一四（一八八一）年、那須野が原北部を流れる那珂川の南岸にあたる東原に「青木農場」を開設し、主にドイツ式の山林経営を行っていた。

明治六（一八七三）年、一等書記官心得として外交官のキャリアをはじめた青木は、駐独公使（のちにオーストリア、オランダ公使も兼務）や駐英公使を務めた後、外務大臣を歴任した。ドイツ駐在が長いことから「ドイツ翁」とも称された。一方、明治一九（一八八六）年から五年ほど、造家学会（現在の日本建築学会）の初代会長を務めた。

別邸建築は総二階建（寄棟造・厚鉄板葺）で、ドイツの木構造で造られた。その後の増築と考えられる部分は、二階ベランダと一階バルコニー・玄関部付きの部分、玄関東側の副棟部分、西側の部分、最後は東側の部分で明治四二（一九〇九）年の建

中央棟屋根裏部屋

付属棟２階の半円アーチの窓

造である。一階床面積は一〇〇坪、同二階は五〇坪（延べ面積は約五〇〇㎡）、ほかに屋根裏部屋約五〇坪を有している。平成一〇（一九九八）年、傷んだ部分の復原工事が完了し、翌一一年には国重要文化財に指定され、現在は道の駅「明治の森・黒磯」の一角で、多くの人たちを出迎えている。

設計者は松《まつ》ケ《が》崎《さき》萬《つむ》長《なが》（一八五八～一九二一）。明治四（一八七一）年、留学生として岩倉遣欧使節団の一員に加わり、ドイツではベルリンで明治一〇（一八七七）年にベルリン工科大学へ入学（明治一四年自主退学）。ここで建築実務を学んだ。そして一二年間におよぶドイツでの生活を終えて帰国後、臨時建築局工事部長となった。この頃、造家学会の設立に関わり創立委員として中核的な役割を果たした。松ケ崎の主な作品として、青木周蔵那須別邸のほか（明治二一～同四二・現存）、七十七銀行（明治三六）、台湾の新竹駅（新竹市・大正二・現存）、台湾鉄道ホテル（台北・明治四一）、台北市場（八角紅楼・台北・明治四一・現存）などで、国内で現存するのはこの那須別邸のみである。

ベランダから前庭を臨む

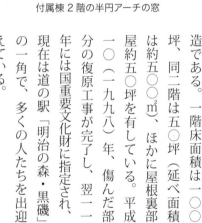

鳥瞰図

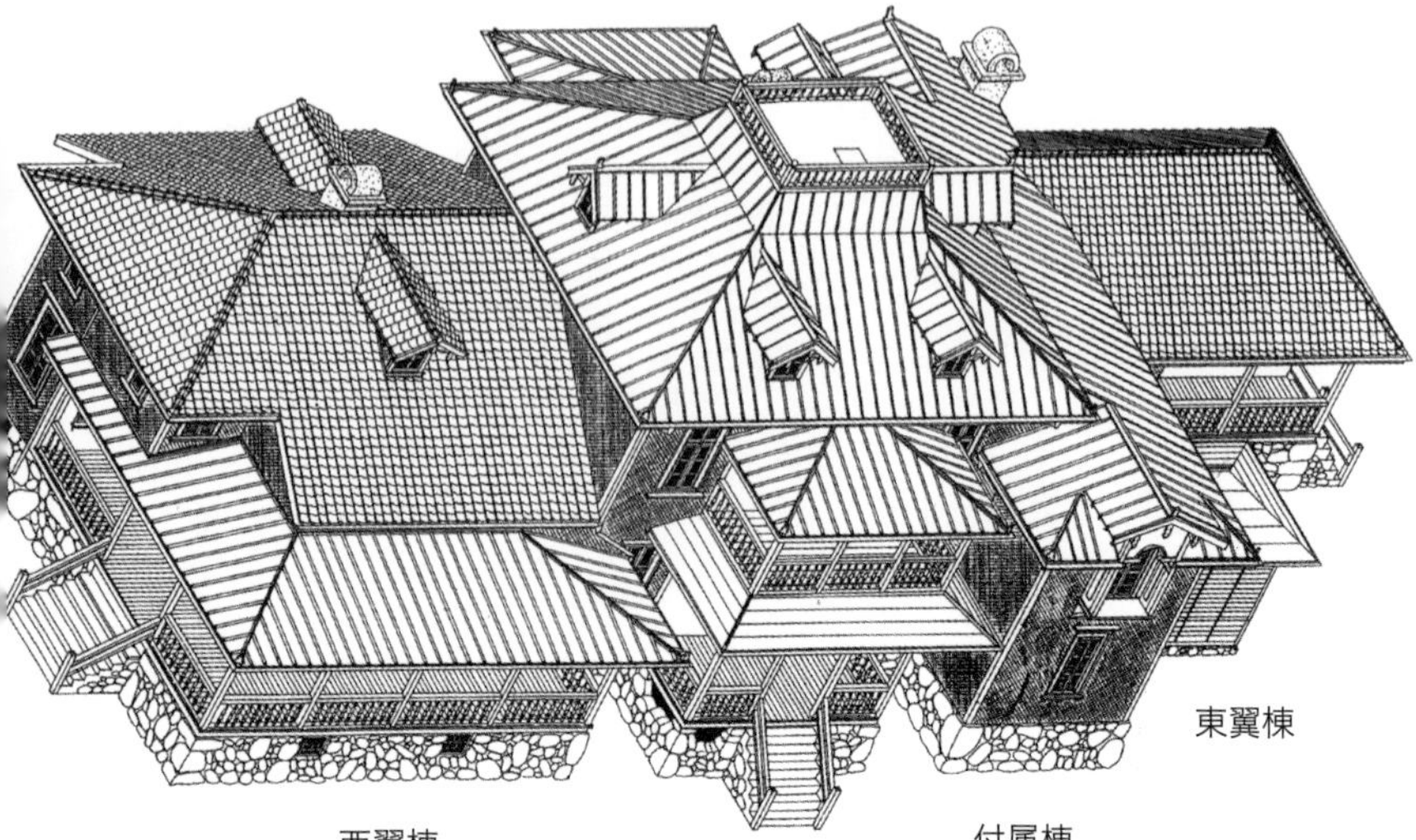

立面図

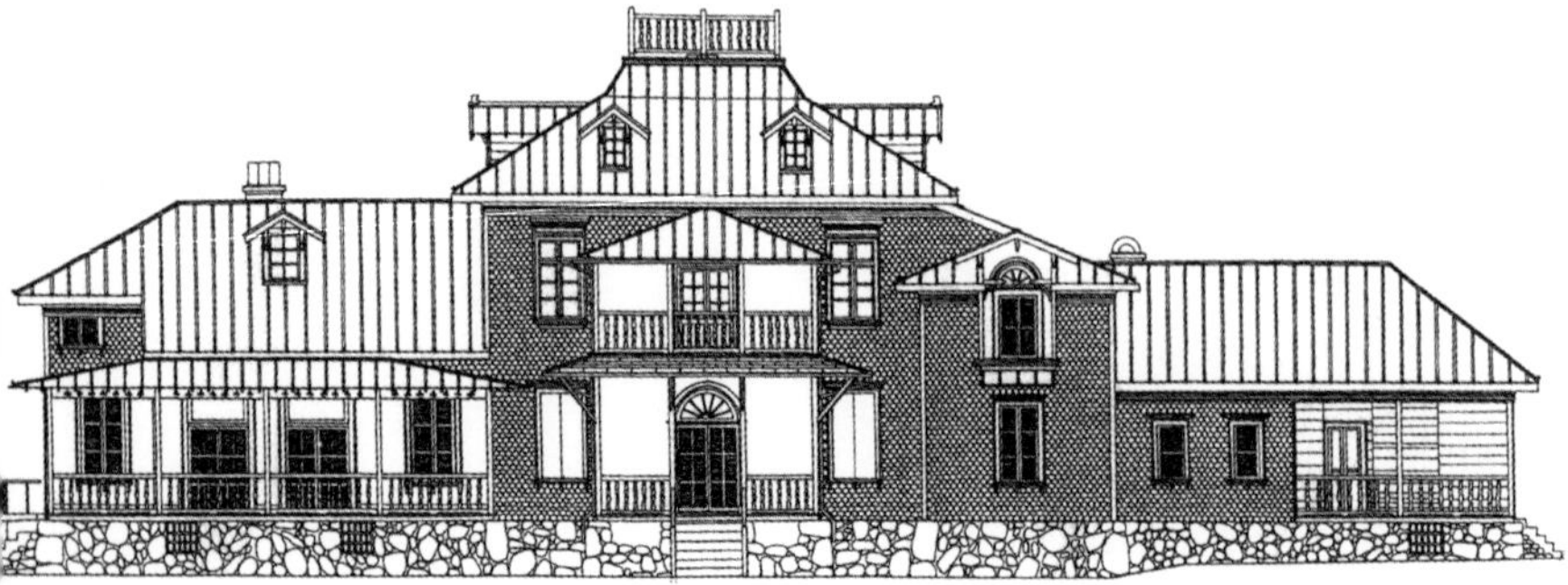

〈作図：小倉孝〉

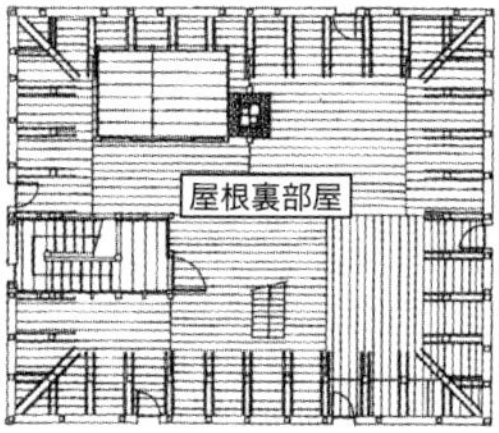

中央棟屋根裏（修理前）

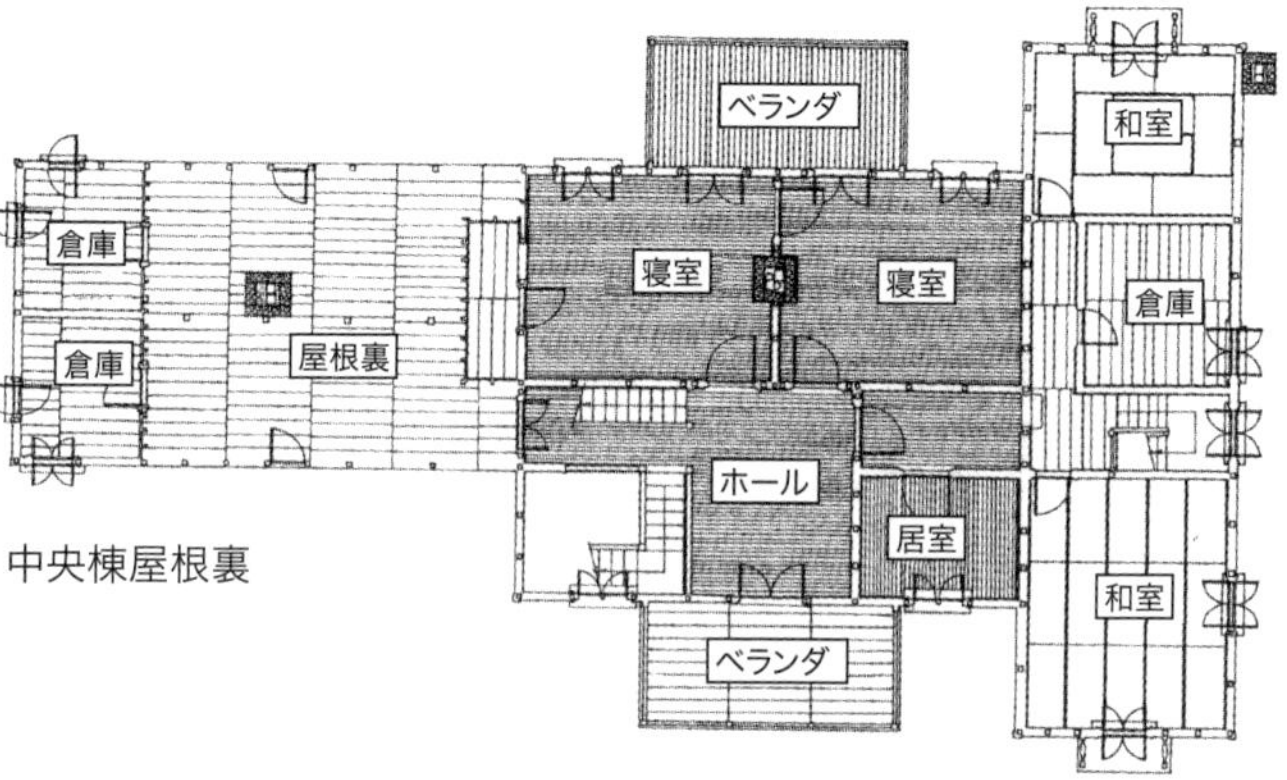

中央棟屋根裏

2階（復元前）

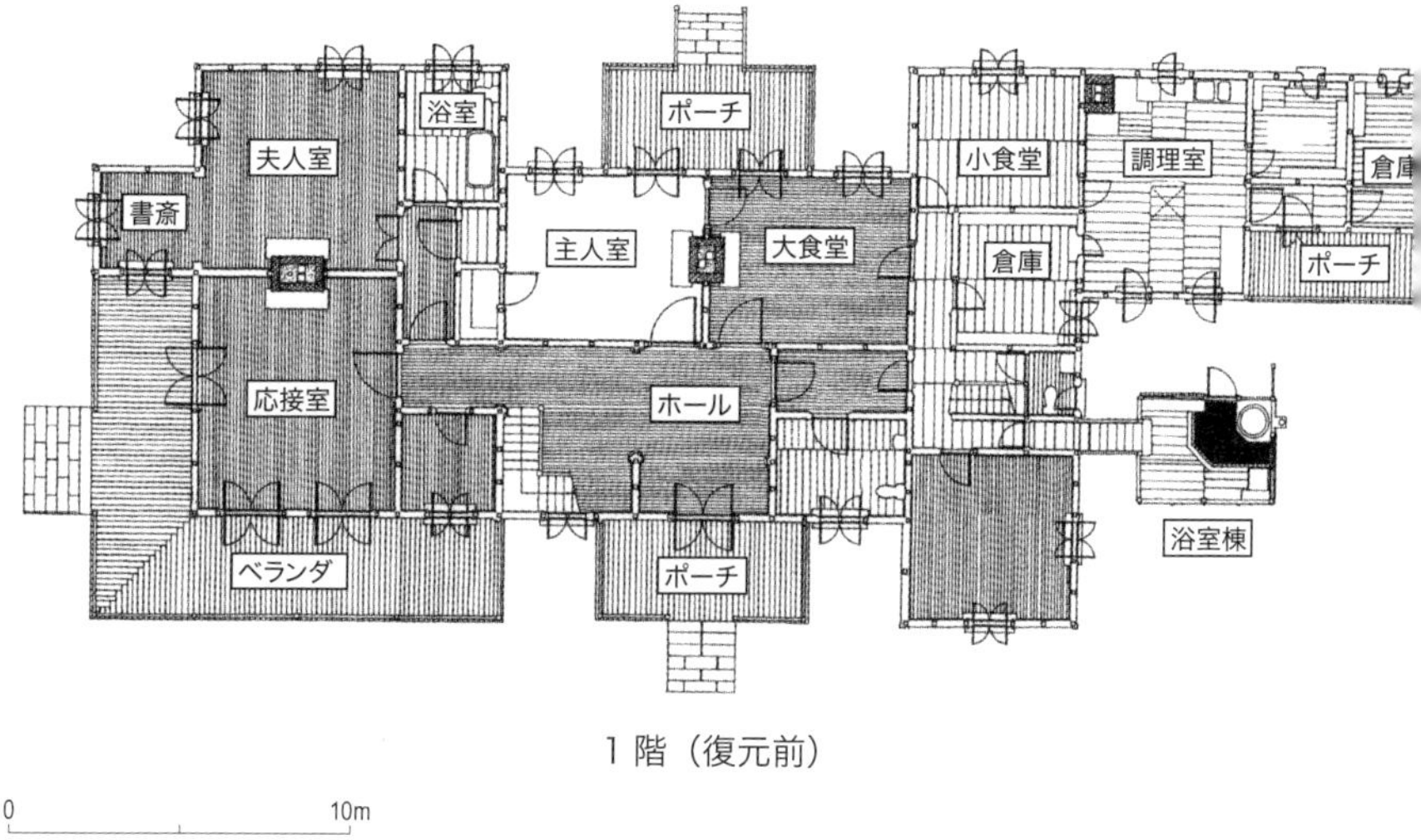

1階（復元前）

0　10m

瀧澤家住宅《たきざわけじゅうたく》（鐵竹堂《てっちくどう》・蔵座敷《くらざしき》・土蔵《どぞう》）

この地区のシンボルだった望楼のある蔵座敷

庄屋だった瀧澤家は氏家きっての大地主であり、さくら市櫻野の旧奥州街道沿いにある旧家である。当主の瀧澤喜平治（一八四六～一九一七）は栃木県会議員、旧氏家町長、貴族院議員等を歴任した。

瀧澤は明治新政府の殖産興業策に呼応し、第四十一国立銀行（明治一一年）や那須開墾社（明治一三年）の設立にも関わった。その瀧澤により建築された長屋門、黒塀、蔵座敷、鐵竹堂《てっちくどう》および庭園は今も往時をしのばせる。

土蔵は明治一三年の建築。蔵座敷は棟札よると、明治二〇（一八八七）年九月に建築された。

【県指定文化財】［所在］さくら市（旧氏家町）櫻野1365【鐵竹堂】［建築年］明治33年4月9日上棟（瀧澤喜平治・櫻井仙吉の墨書）［施工］櫻井仙吉【蔵座敷】［建築年］明治20年丁亥9月（瀧澤喜平治建立の墨書・大工棟梁櫻井仙吉の棟札）［施工］大嶋要吉【土蔵】［建築年］明治13年庚辰9月（小屋棟木の墨書）【長屋門】［建築年］不詳

「鐵竹堂」の扁額が掲げられた門

鐵竹堂外観

旧奥州街道に面した長屋門

土蔵

当時、望楼はなかったと思われる。長屋門は桁行八間半、梁間二間半で、この地域に現存する門の中でも最大級の規模を誇り、本格的な門である。

鐵竹堂は喜平治の雅号「鐵竹」に因んで名付けられ、明治三三（一九〇〇）年に上棟された。明治二五（一八九二）年の陸軍特別大演習時に瀧澤家が「天皇御休息所」になっていたことから、何らかの関連があると考えられるが不明である。入母屋造の桟瓦葺（一部銅版平葺）で日本庭園に向けて四室を配し、東側の玄関に入母屋造の車寄せを設けている。四寸の柱を配し張付壁で、天井は素木の格天井、襖は金地の障壁画を描くなど書院造の意匠であり入側を廻らしている。

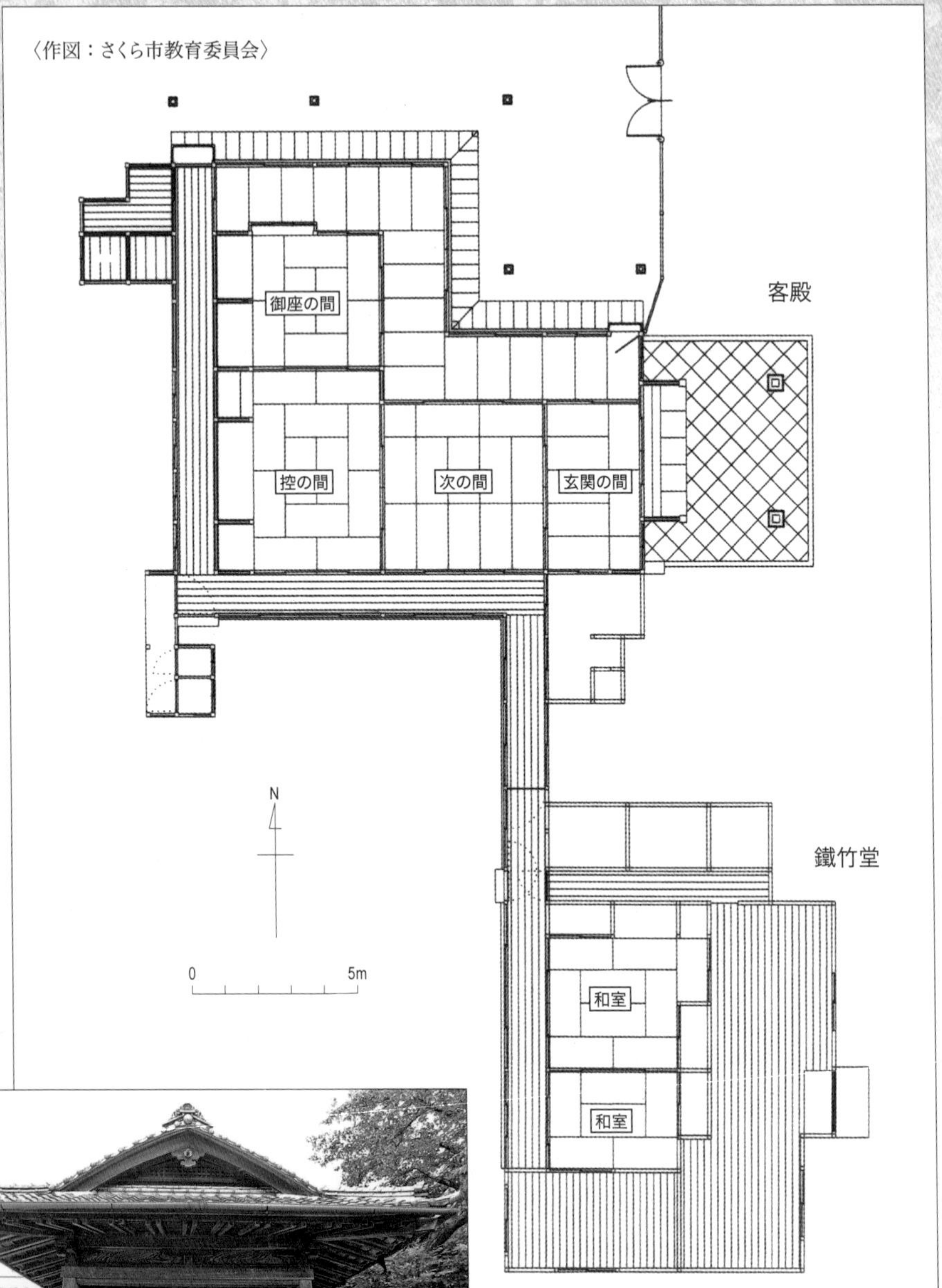

客殿・鐵竹堂の平面図

鐵竹堂正面入口

黒磯銀行《くろいそぎんこう》（高木会館《たかぎかいかん》）

【登録文化財】［所在］那須塩原市（旧黒磯市）本町40－2［建築年］大正7年［オーナー〈施工〉］高木慶三郎（柳川喜吉〈宇都宮の石工棟梁〉）

明治から昭和前期に活躍し、鉄道の枕木業者として財を成した実業家・高木慶三郎が、大正七（一九一八）年に開業した黒磯銀行の本店建物で、銀行開業と同じ年に建築された。現在はカフェレストランとして利用されている。

近在の芦野石を用いた正面外壁

明治期以降、黒磯の街はたびたび大火に遭ったため、耐火性のある石造建築が計画・採用されたという。外壁を芦野石（那須町芦野地区で産出する暗灰色系の安山岩）、その他を大谷石造とした。正面二階上部に浮き彫りされた銀行の社章の下には、半円アーチの欄間を持つ大きな上げ下げ窓が四つあるため、明るい昼光が注ぎ、「ルスティカ」（粗石積み）と呼ばれる石造の手法に柔らかさを与えている。

新御座所の全景

塩原御用邸新御座所《しおばらごようていしんござしょ》

【県指定文化財】［所在］那須塩原市（旧塩原町）下塩原1266－113［建築年］明治17年［設計］宮内省

塩原御用邸新御座所の造営は、明治一七（一八八四）年、山形・福島・栃木の各県令や警視総監などを歴任した三島通庸が塩原の渓谷の美しさと湯量豊富な温泉を気に入り別荘を建てたことにさかのぼる。明治三六（一九〇三）年、皇太子の長期滞在でこの別荘が使われたのがきっかけで、通庸の子・彌太郎（貴族院議員や日本銀行総裁などを歴任）がここを皇室へ献納。明治三七（一九〇四）年に塩原御用邸となり、翌三八（一九〇五）年に新御座所が造営された。

戦時中は昭和天皇の皇女たち等がここへ疎開していたが、昭和二一（一九四六）年に厚生省（現在の厚生労働省）へ払い下げられた。現在、新御座所のみが原型のまま移築され、「天皇の間記念公園」として一般公開され

庭園に面した南側廊下

ている。

木造平屋の本格的な数寄屋造で、屋根は入母屋造銅板平葺き、田の字型平面に入側を廻らせていて、宮内省（現在の宮内庁）独自の本格的な組立式構造様式で精緻に建てられている。

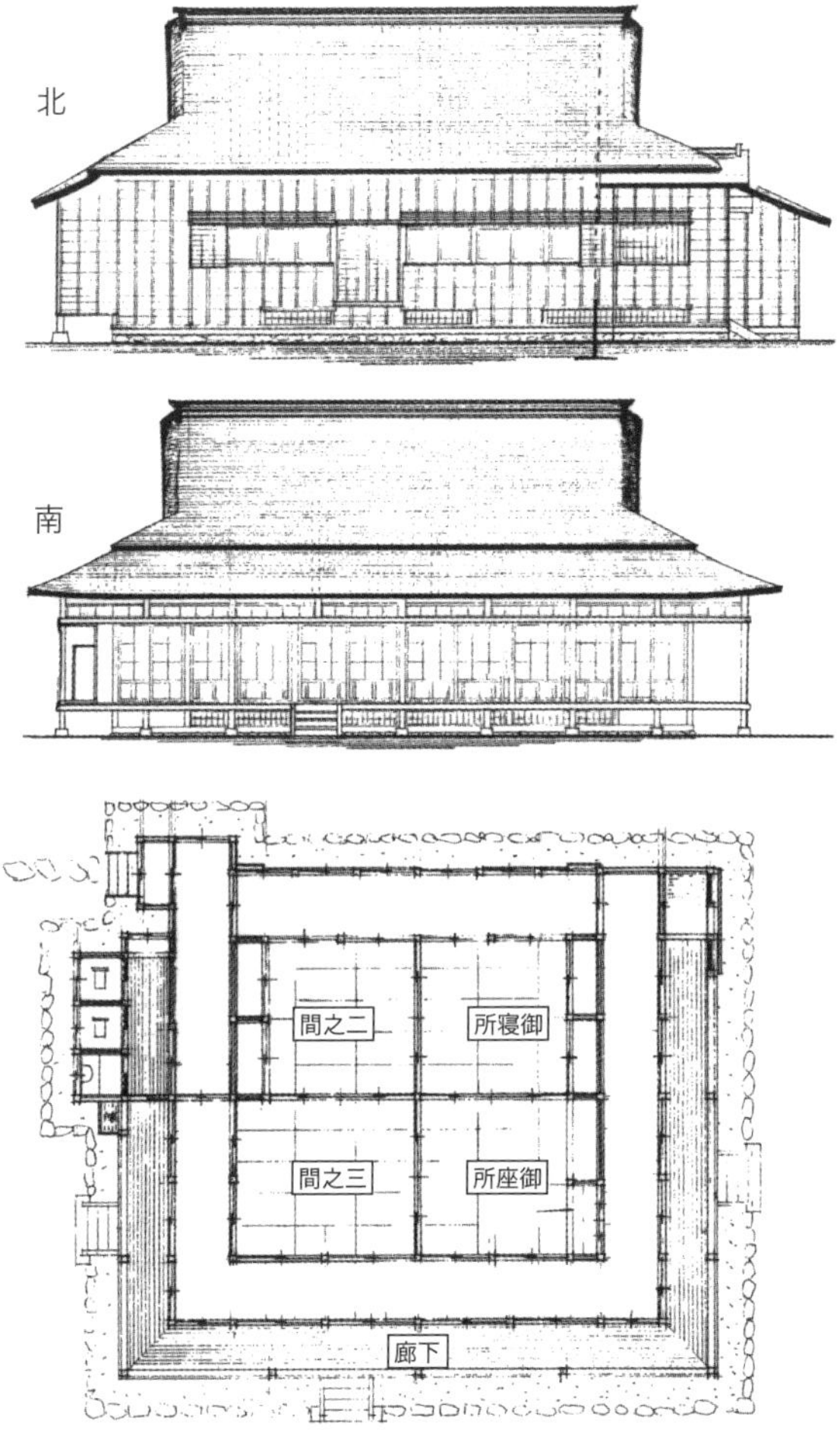

〈作図：君島広之〉

立面図と平面図

御座所

全景。外壁は自らの農場で焼いた赤煉瓦を用いている

大山巌別邸洋館《おおやまいわおべっていようかん》（大山記念館洋館）《（おおやまきねんかんようかん）》

【県指定文化財】［所在］那須塩原市（旧西那須野町）下永田4-3-52
［建築年］明治35年・明治44年（洋館）

那須野が原に深い愛着を持っていた元勲・大山巌（一八四二～一九一六）の洋風別邸。大山は日本陸軍創設の父ともいわれ、日清戦争では陸軍大将として、日露戦争では元帥として満州軍司令長官を務めた。

明治一四年、従兄弟である西郷従道《つぐみち》（一八四三～一九〇二）とともに、共同経営で加治屋開墾場（現在の那須塩原市永田・下永田、大田原市加治屋）を開設した。その後、明治三四（一九〇一）年に分割し、永田の大部分と加治屋を西郷が西郷農場として、永田の一部と下永田を大山の所有地として新たに大山農場となった。

明治三五（一九〇二）年、大山は農場に別邸を建築した。別邸は和館（「薩摩屋敷」と呼ばれた木造平屋建の桟瓦葺、白壁造）と洋館にわかれて築造され、和館は別荘、洋館は事務所として利用されていた。

洋館は那須野が原で唯一の赤煉瓦の別邸である。大山農場では明治三六年から四二年にかけ

玄関の間の天井照明に飾られた陸軍星章のメダリオン

西側に面した会議室

「薩摩屋敷」と呼ばれた和館の全景

て赤煉瓦が製造されており、その赤煉瓦を別邸に使用したと思われる。煉瓦造平屋建の寄棟造で桟瓦葺《さんかわらぶき》、屋根窓を付け、アーチがある玄関を突き出している。外壁は赤煉瓦で覆い、目立った装飾は見られない。木造の小屋組が用いられており、日本人による設計であることを窺わせる。内部は中央に中廊下を通じ、その両側に暖炉を備えた洋室が二室配されている。

昭和四五（一九七〇）年、大山家から栃木県に別荘が譲渡され、現在は農場の一部に建てられた県立那須拓陽《たくよう》高校で「大山記念館」として管理されている（二〇二〇年一月現在、外観のみ見学が可能）。

黒羽銀行（足利銀行黒羽支店）

松方別邸の全景（南側は増築）

松方別邸《まつかたべってい》（松茂山荘《まつもさんそう》）

〔所在〕那須塩原市（旧西那須野町）千本松７９９〔建築年〕明治36年

明治期、殖産興業政策を推進し、内務卿、大蔵卿、内閣総理大臣等をも歴任した松方正義（一八三五〜一九二四）の別邸。

松方は那須野が原での農場開拓をいち早く唱えた人物であった。明治二六（一八九六）年、那須開墾社の事業縮小に伴い、千本松の植林地などを長男の巖名義で購入、農場には多くのアカマツが自生していたことから「千本松農場」と称して、植林事業に着手した。千本松農場は青木農場と並んで那須野が原最大の農場となった。

松方が本格的な別邸を建築したのは明治三六（一九〇三）年である。当初、「松茂山荘」と呼ばれていたが、翌年、塩原御用邸に滞在されていた皇太子が別邸に行啓した際、日露戦争で遼《りょう》陽《よう》陥落の報に接したため、この別邸は「万歳閣《ばんざいかく》」と呼ばれるようになった。

別邸は寄棟造で屋根は桟瓦葺。一階を石造（または煉瓦造石貼り）とし、二階を木造板貼りとしている。内部は一階が洋室、二階は暖炉と畳敷きという和洋折衷となっている。また屋根裏部屋があり、松材の梁が用いられている。

黒羽銀行の正面全景（瓦と壁・窓に堅固さが伝わる）

黒羽銀行《くろばねぎんこう》（足利銀行黒羽支店《あしかがぎんこうくろばねしてん》）

【登録文化財】［所在］大田原市（旧黒羽町）黒羽向町32［建築年］明治38年［施工］依田岩吉・荒井亀次郎 他

明治三〇（一八九七）年、川西町（現在の大田原市黒羽地区）で林業を営む実業家植竹三右衛門を中心に、地元有力者たちよって設立された黒羽銀行。建物は明治三八年に現在地に新築移転した。銀行は昭和一一（一九三六）年、金融恐慌で経営が困難になったため解散となって足利銀行へ譲渡された。建物は現在も利用されている。

古色蒼然の土蔵造二階建の寄棟桟瓦葺で、外壁は二階の軒まで土塗り黒漆喰で厚く塗り込められている。また大谷石積の張り出しと玄関ポーチも備え、閉店時は鉄扉で閉ざされる。内部は一階は銀行店舗として改修されているが、二階は区切られた部分は漆喰で仕上げられ、天井の装飾や窓の額縁などは当時の風格を窺わせる。なお、屋根に取り付けられた避雷針には装飾が施されている。

明治後期、土蔵造の銀行は全国的に建設されていたが、現存する例はきわめて少なく、栃木県内では唯一である。

正面全景

山縣有朋別邸《やまがたありともべってい》（山縣有朋記念館《やまがたありともきねんかん》）

【県指定文化財】［所在］矢板市上伊佐野1022［建築年］明治42年［設計］伊東忠太

明治四二年、明治の元勲・山縣有朋（一八三八～一九二二）の別邸「小田原古稀庵」（神奈川県小田原市）に建造された洋館。建物は山縣没後の翌大正一二（一九二三）年に発生した関東大震災で被災・損傷した後、翌年に長男の伊三郎が山縣農場のある現在地へ移築した。

木造二階建の寄棟造（L字形）、屋根は鉄板葺で外壁はモルタル仕上げで、南側サンルーム部分のみが板張りペンキ塗となっている。全体に質素ではあるが、室内に入ると、山縣有朋のイニシャル「Y・A」をアール・ヌーヴォー風にデザインしたドア部分が目を惹く。建物は現在、記念館として山縣有朋の遺品や貴重な資料を展示している。

設計者は建築家で、当時帝室技芸員（皇室による日本美術や工芸の保護奨励を目的に任命された制度）だった伊東忠太（一八六七～一九五四）。伊東は日本最初の建築史家であり、建築評論の開拓者でもあった。

県央地区

栃木の近代化遺産を歩く

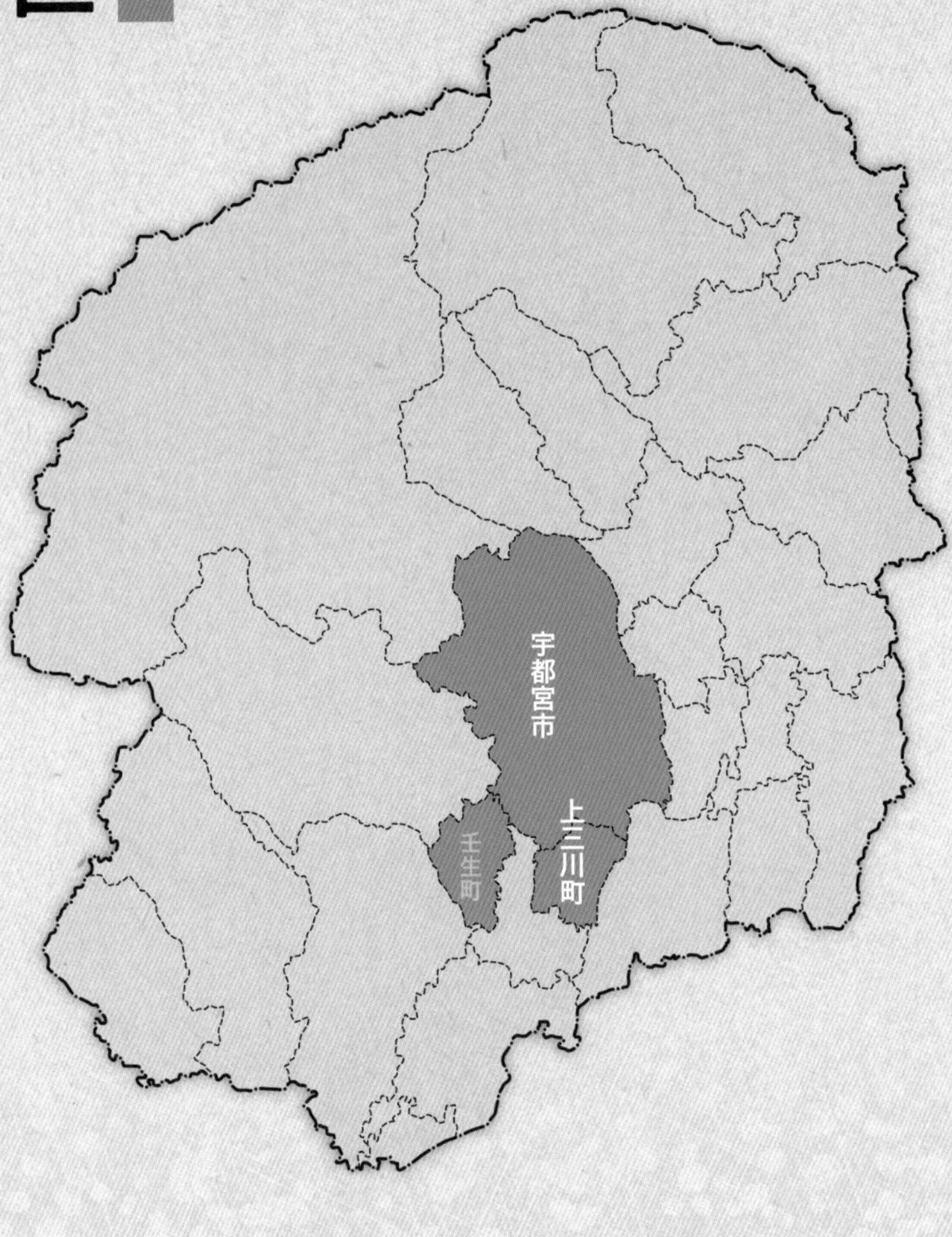

栃木県の政治・経済の中心地であり、交通の要衝でもあった宇都宮中心部は、江戸期に徳川家康の家臣で宇都宮藩主・本多正純によって町割が決められ、そのまま近代になっても踏襲された。また宇都宮は二荒《ふたあら》山《やま》の森を中心に発展し、慶応四（一八六八）年の戊辰戦争で二荒山神社をはじめ、宇都宮一帯は灰燼に帰した。

戊辰戦争後、明治の世とともに宇都宮は復興を遂げ、二荒山神社の社殿も再建された。また江戸期以降、近くで産出される大谷石は用途を問わず使われてきた。中でも、篠原家住宅の石蔵群や屏風岩石材石蔵、上野本家住宅を構成する蔵群をはじめ、松が峰教会や宇都宮聖ヨハネ教会、大谷公会堂など大谷石による数多くの建造物が宇都宮とその近郊に建てられた。このような大谷石文化について、平成三〇（二〇一八）年、「地域の歴史的魅力や特色を通じて我が国の文化・伝統を語るストーリー」として文化庁「日本遺産」に認定された。

そして宇都宮には、護国神社や蒲生神社といった近代和風の神社建築のほか、栃木県庁舎、宇都宮大学旧講堂、県立農学校講堂、宇都宮高校旧本館といった行政・教育関係の建造物、かつての軍都宇都宮を知る数少ない文化財のひとつである歩兵第六六連隊庖厨棟が残されている。この他、宇都宮市の南隣に位置する上三川町に残る旧家の生沼家住宅は、明治期のこの地域における商工活動を知る上で貴重な建造物である。

県央地区

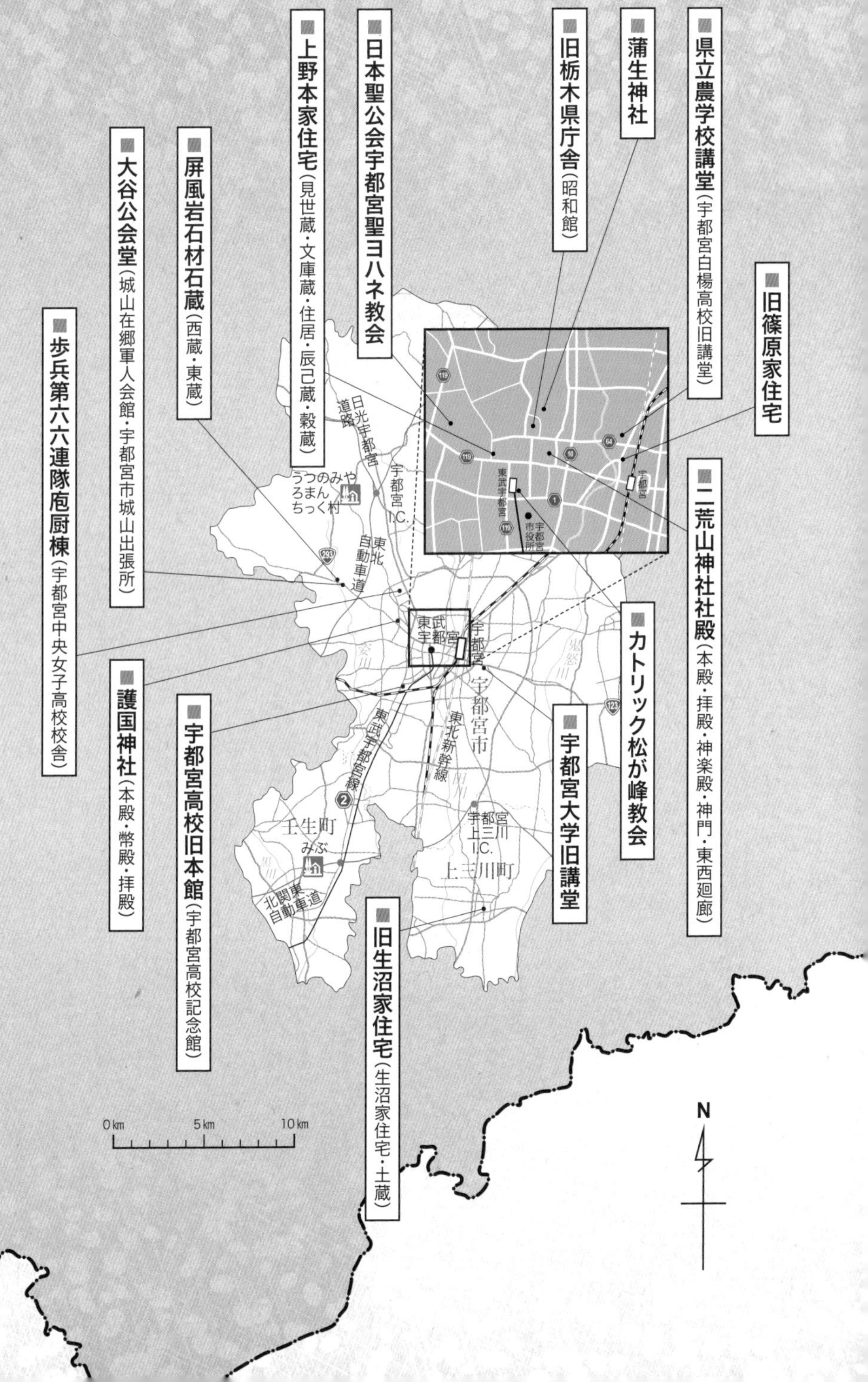

県立農学校講堂（宇都宮白楊高校旧講堂）
蒲生神社
旧栃木県庁舎（昭和館）
日本聖公会宇都宮聖ヨハネ教会
上野本家住宅（見世蔵・文庫蔵・住居・辰己蔵・穀蔵）
屏風岩石材石蔵（西蔵・東蔵）
大谷公会堂（城山在郷軍人会館・宇都宮市城山出張所）
歩兵第六六連隊庖厨棟（宇都宮中央女子高校校舎）
旧篠原家住宅
二荒山神社社殿（本殿・拝殿・神楽殿・神門・東西廻廊）
カトリック松が峰教会
宇都宮大学旧講堂
旧生沼家住宅（生沼家住宅・土蔵）
宇都宮高校旧本館（宇都宮高校記念館）
護国神社（本殿・幣殿・拝殿）
日光宇都宮道路
宇都宮I.C.
うつのみやろまんちっく村
東北自動車道
東武宇都宮
宇都宮
宇都宮市役所
宇都宮市
東武宇都宮線
東北新幹線
鬼怒川
姿川
宇都宮上三川I.C.
上三川町
壬生町
みぶ
北関東自動車道
0km
5km
10km
N

二荒山神社社殿《ふたらさんじんじゃしゃでん》（本殿《ほんでん》・拝殿《はいでん》・神楽殿《かぐらでん》・神門《しんもん》・東西廻廊《とうざいかいろう》）

二荒山神社のはじまりは、今から約一六〇〇年前の第一六代仁徳天皇の時代にまで遡《さかのぼ》る。社記によると、祭神である豊城《とよき》入彦命《いりひこのみこと》の子孫・奈良別王《ならわけのきみ》が下毛野国の国造に任命され、この時祖神である豊城入彦命を荒尾崎（下之宮）に祀ったのがはじまりとされている。その後、承和五（八三八）年に現在地に遷座したと伝えられている。古くから「宇都宮明神」として信仰され、また武神であることから武家の崇敬が篤く、藤原秀郷、源頼朝、徳川家康なども参拝し、奉幣や神領を寄進している。

慶長一〇（一六〇五）年に徳川家康による社殿造営後、元和五（一六一九）年に宇都宮城主の本多正純が町の割替えを行った際、神社を「切通し」によって本社と下之宮に分割した。天保三（一八三二）年に市中大火により社殿が焼失したため、弘化元（一八四四）年に再建され、江戸より仙台に至る間、無比の建築と称されていた。その後、慶応四年の戊辰戦争による戦火で社殿は再び焼失するも、明治四（一八七一）年には国幣中社《こくへいちゅうしゃ》に列せられた。現在の社殿は、明治初期から大正期にかけて建てられたものである。

本殿は明治七（一八七四）年五月に地鎮祭を行い、翌八（一八七五）年に上棟、明治一〇（一八七七）年三月に竣工した。高床で、桁行三間に梁行二間の神明造で、伊勢神宮正殿に倣っていて、内陣と外陣との建具に特徴がある。拝殿は入母屋造で、別に向拝柱に沿う庇をつけてい

【県指定文化財】【本殿】［所在］宇都宮市馬場町通り1－1－1［建築年］明治10年［設計］薄井秀吉［施工］白井秀次郎・梶倉蔵・角倉仙吉・清水久太郎・大島宗七【拝殿】［所在］宇都宮市泉町6－30［建築年］明治10年（上棟式）［設計］薄井秀吉【神楽殿】［建築年］明治19年【神門】［建築年］大正3年11月［設計］上田虎吉【東西廻廊】［建築年］大正4年以降［設計］上田虎吉

社殿全景

拝殿

本殿（西側）

る。金属平板葺で小幣殿を含めると五一畳の広間を有する。なお、元々本殿と拝殿をつなぐ部分は石畳で、権現造と同じく「石の間」と呼ばれていた。

神楽殿は入母屋造の正面に千鳥破風と軒唐破風《のきからはふ》を付けた金属板葺である。神門は切妻・軒唐破風で菊の御紋の付いた桟唐戸《さんからと》が建て込まれている。そして門の両翼は入母屋造の東西廻廊で、金属平板葺に廻廊の壁には菱形の連子《れんじ》を嵌め、腰には連続して竹の節を組み込んで、神域であることを示している。いずれも、栃木県内の近代和風建築を代表する貴重な建造物群である。

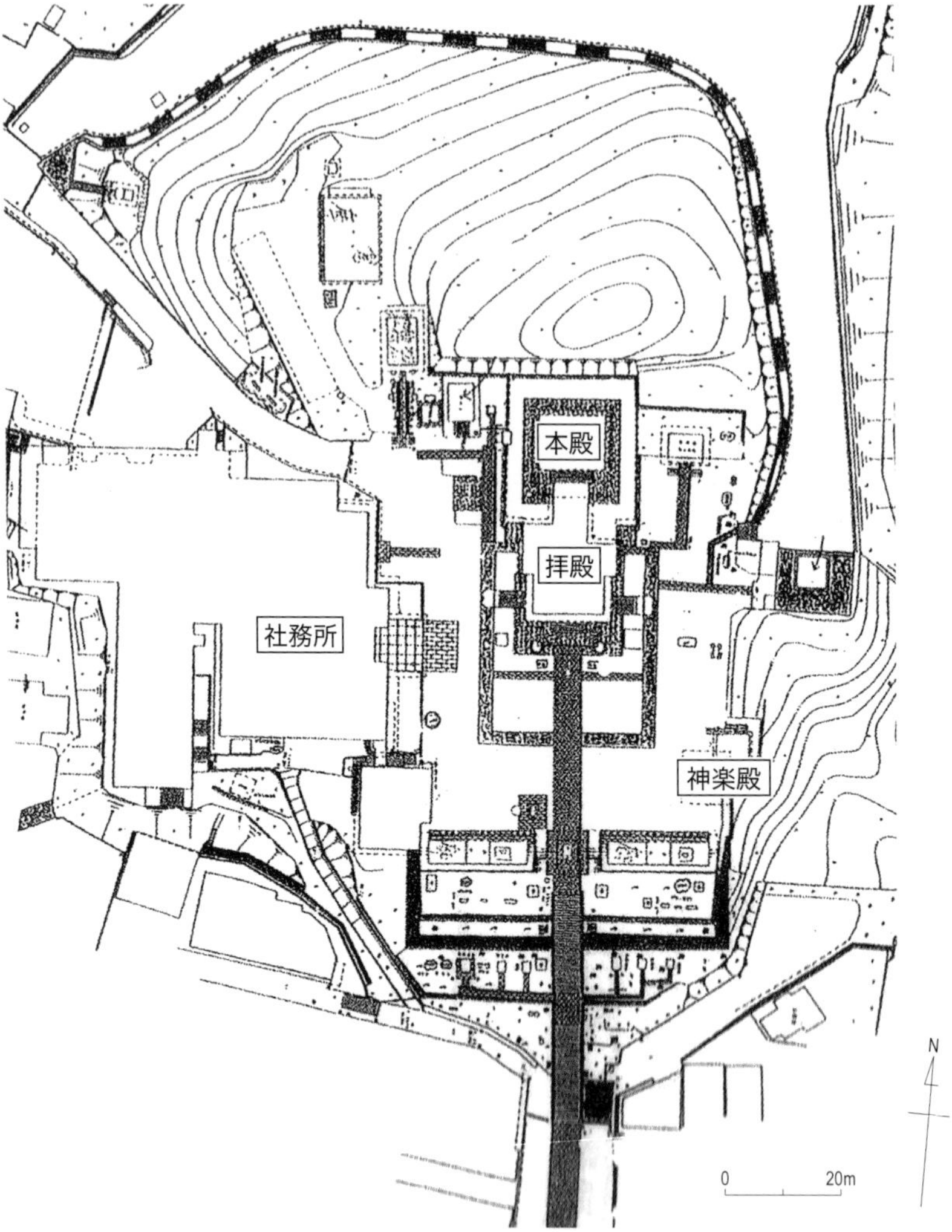
本殿
拝殿
社務所
神楽殿
N
0
20m

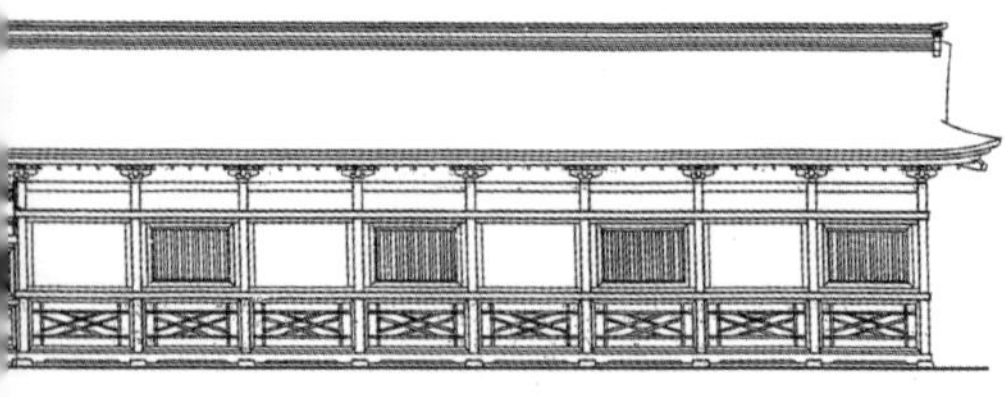

ご購読者カード

今回のご購入書籍名

お名前　　　　　　　　　　　　　　　　　　　　歳(男・女)

ご住所(〒　　　-　　　)

お電話番号

ご職業または学部・学年

購入書店　　　　郡・区 市　　　　町　　　　書店

本書の刊行を何によってお知りになりましたか。

書店店頭　広告(　　)　書評(　　)　推薦　寄贈　ホームページ

購入申込書

このはがきを当社刊行図書のご注文にご利用下されば、より早く、より確実にご入手できます。

(書名)　　定価　　(　　)冊

(書名)　　定価　　(　　)冊

(書名)　　定価　　(　　)冊

*どちらかにしるしをつけてください。

□当社より直送（早く届きますが、送料がかかります。振込用紙を同封しますので、商品到着後、最寄りの郵便局からお振込みください）

□書店を通して注文します。（日数がかかりますが、送料はかかりません）下記に記入してください。

ご指定書店名		取次	(この欄は当社で記入します)
	書店		
	県都府　郡・区 市　町		

郵便はがき

料金受取人払郵便

宇都宮
中央局承認

3111

差出有効期間
2026年5月31日
まで

320-8790

(受取人)
栃木県宇都宮市本町10-3
TSビル

随想舎 行

小社へのご意見、ご感想、希望される出版企画、その他自由にお書きください。

ご記入いただいた個人情報は、当社のDM以外に使用することはありません。

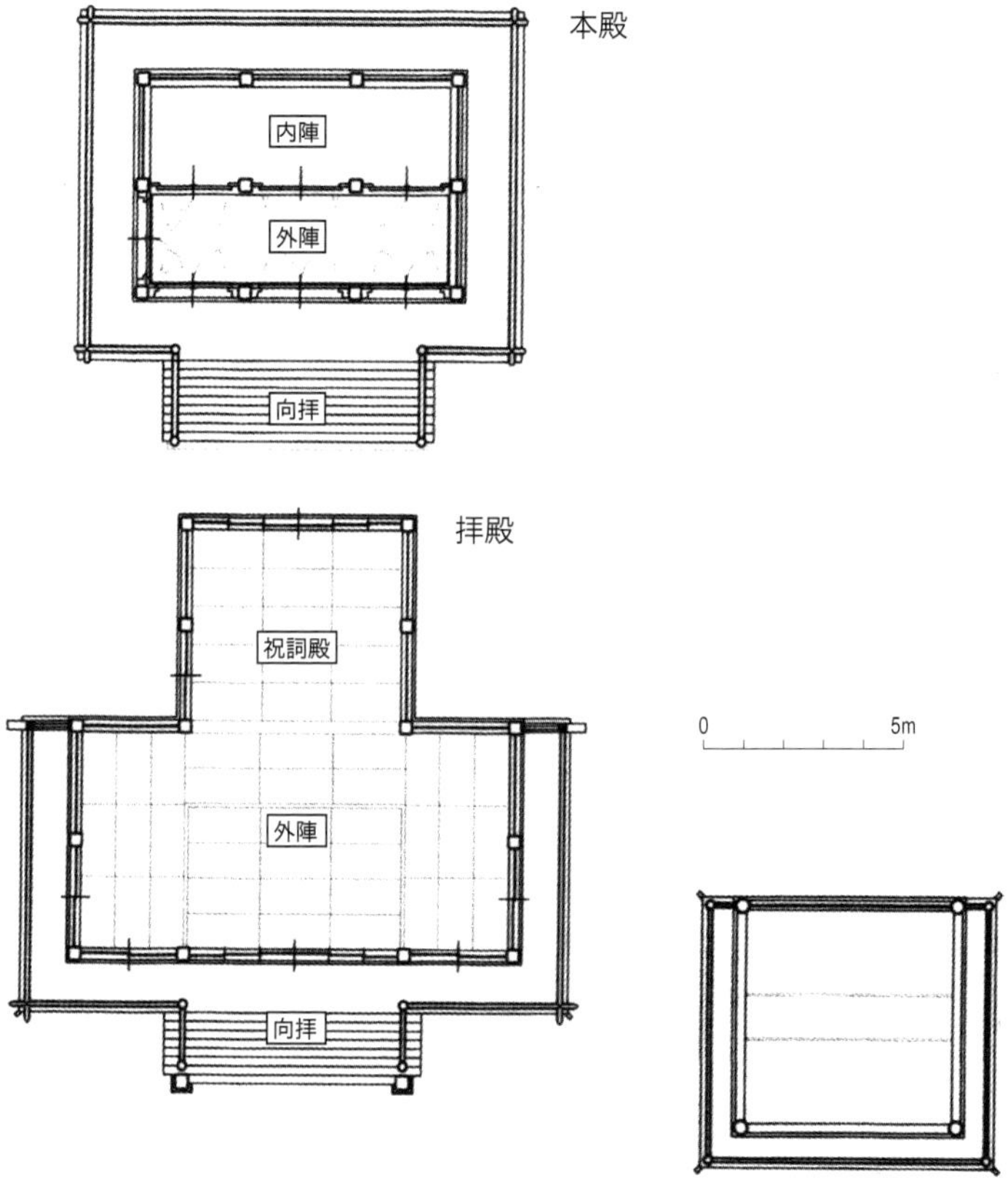

神楽殿

御門および廻廊正面

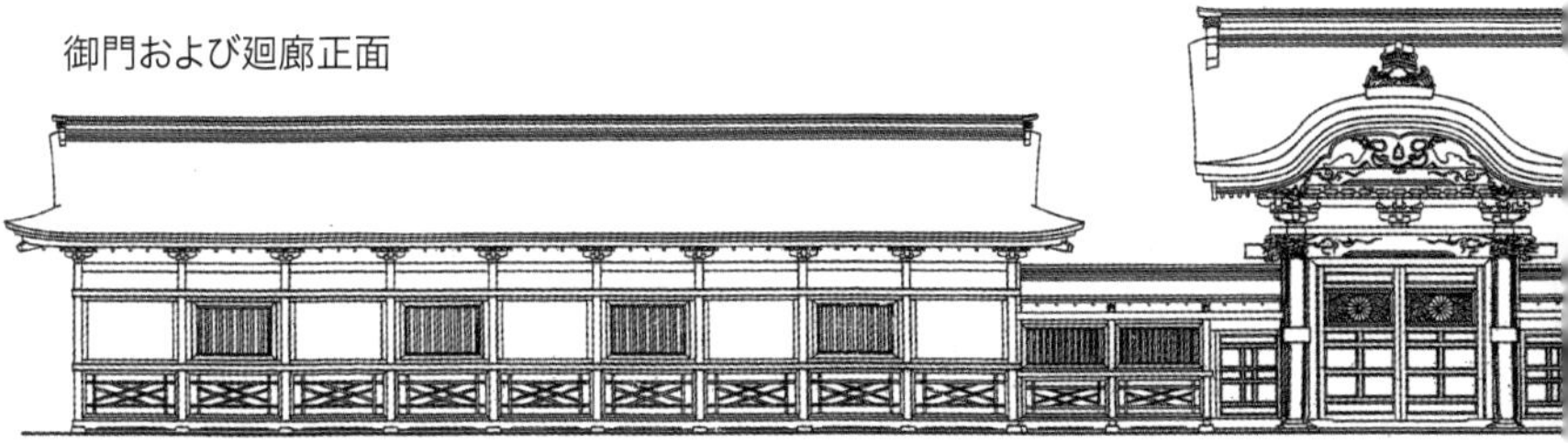

〈作図：上田虎吉〉

正面全景

宇都宮高校旧本館《うつのみやこうこうきゅうほんかん》（宇都宮高校記念館《うつのみやこうこうきねんかん》）

【登録有形文化財】［所在］宇都宮市滝の原3-5-70［建築年］明治26年［設計］文部省技官

外壁が白いペンキで塗られていることから「白亜館」の名で親しまれている県内最古の学校建築で、現在は宇都宮高校の教育関係の資料を展示している。

建物は桁行一四間、梁間七・五間の総二階建で、日光杉並木の杉材を用いて造られたという。延べ面積は二〇七坪（約六八六㎡）。屋根は寄棟造桟瓦葺で、外壁はドイツ下見板張りで、正面には幅三尺、高さ七・五尺の上げ下げ窓を設けている。このシンメトリーのアクセントの一つは正面中央に張出したポーチで、三方にエンタブラチャーを廻らし、また屋根中央の軒からペディメント風の三角形の妻壁を立上げ、三葉飾り状に刳り抜いてトラス部材で結んでいる。繰形のある持送りで支えられた陸梁は水繰りして眉を彫り、真束《しんづか》の下部には擬宝珠《ぎぼし》飾りを下げている。トラス奥の壁には丸窓を穿ち、洋風の趣を増している。

玄関ホールを入ると、右手に校長室兼応接室、左手に職員室がある。職員室と廊下は竿縁天

側面

井、校長室は板張りでペンキ塗り仕上げ。二階は講堂で、天井の高さは三・六五m、床から三・一六mの位置に水平に見切縁を設け、その上を曲面で壁から五〇cmの範囲を漆喰塗りで仕上げている。天井の中央部は長手方向に板を張り、その周囲は板を切目縁状に張り仕上げをする。各室の入り口枠はモールディングのある本格的なもので幅木部分も一体化されている。階段の簓子《ささらこ》、手摺子等は松材が用いられており質素である。

栃木県立宇都宮高校の起源は、明治一〇年に創立した栃木師範学校附属予備学校で、明治一二（一八七九）年に栃木中学校、栃木県中学校、栃木県尋常中学校（明治一九［一八八六］年）と改称。明治二六（一八九三）年には高等女学校とともに滝の原へ移転し、三二（一八九九）年には中学校令改正により県立第一中学校、三四（一九〇一）年には県立宇都宮中学と改称。戦後の学制改革により、県立宇都宮高校と改称し現在に至っている。

三葉飾り状に刳り抜いたペディメントがトラス部材で結ばれている

旧奥州街道に面した主屋（左側：大谷石蔵）

旧篠原家住宅《きゅうしのはらけじゅうたく》

【重要文化財】【市指定文化財】［所在］宇都宮市今泉1-4-33［建築年］明治28年

篠原家（屋号・堺屋）は宇都宮を代表する旧家で、江戸時代後期から奥州街道沿いに店を構え、醤油醸造業と肥料商を営んでいた。かつては醸造蔵などが立ち並ぶ広大な敷地だったが、昭和二〇（一九四五）年七月の宇都宮空襲で主屋と三棟の石蔵を残し焼失してしまった。その後、平成八（一九九六）年に市へ寄贈され、翌九年から一般公開されている。

主屋は木造二階建、桁行八間の梁間六間で、一階が約五二坪（約一七二㎡）、二階が約四八坪（約一五九㎡）の広さをもつ。一階壁面に大谷石を貼り、鉄釘で留められている。二階は黒漆塗りだったところを鉄板貼りに改修している。また小屋組は梁間が大きく、屋根勾配が急で重厚に組まれている。

旧篠原家住宅は、土間に面した帳場と茶の間の境に一尺五寸角の欅材を建て、その柱を二階の座敷まで通して幅二間半の床柱とし、さらに小屋裏に伸ばし棟木を支える大黒柱としても使用している。梁間には閂《かんぬき》（竪柱）や蔀《しとみ》（揚戸）が配され、典型的な店構えの手法を見せている。

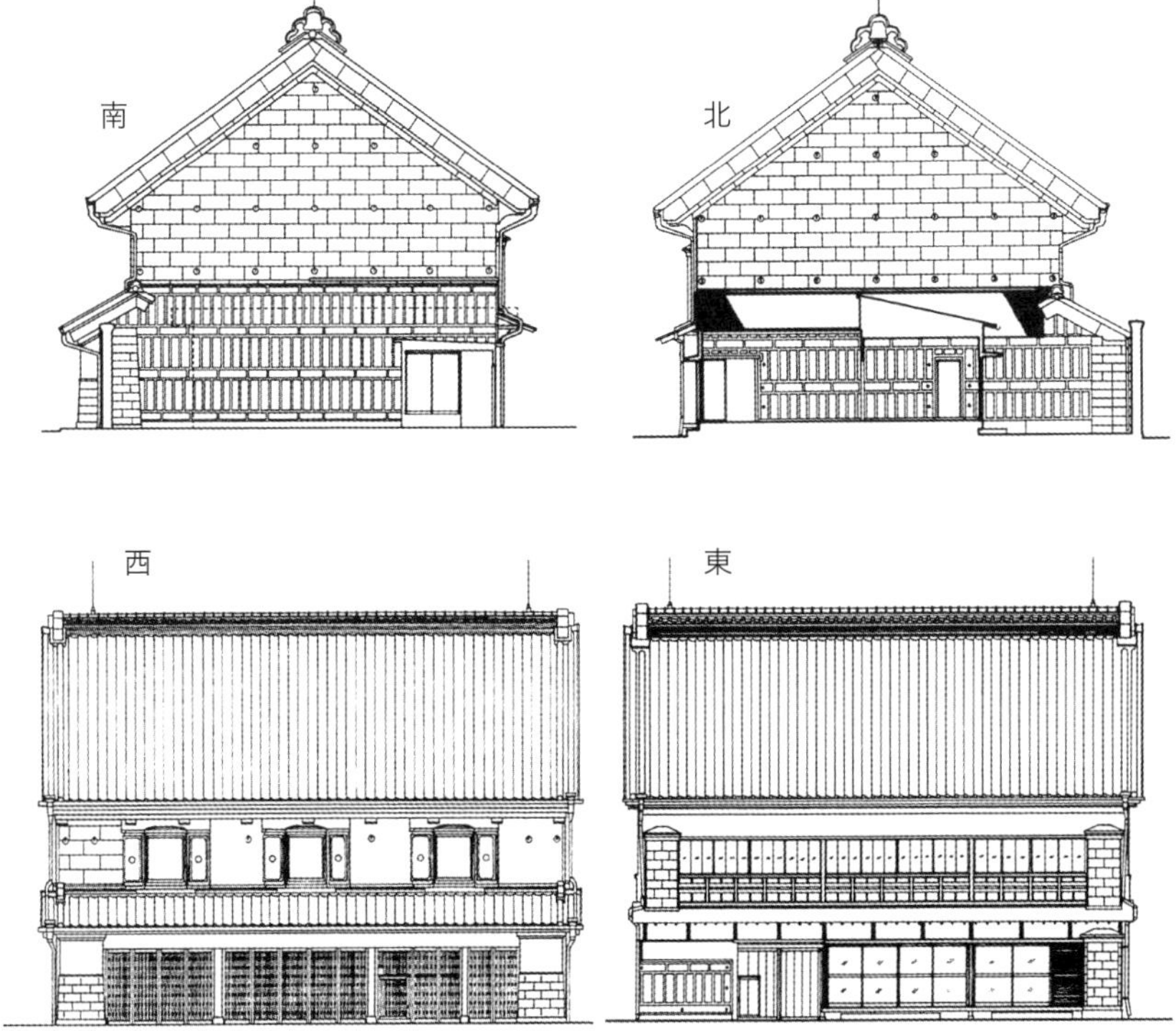

主屋　立面図

主屋　梁間・桁行断面図

0　5m

〈作図：宇都宮市〉

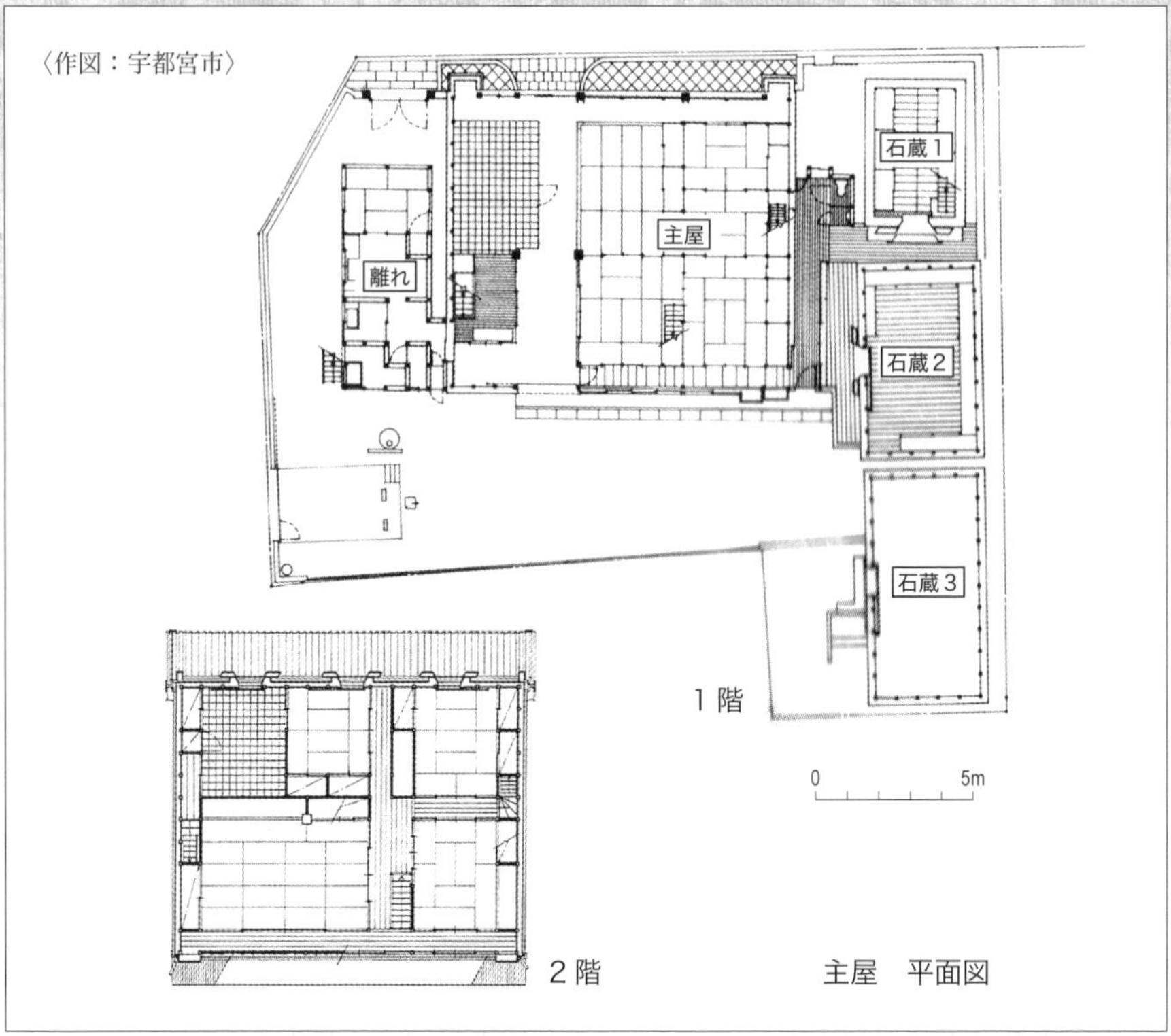

主屋　平面図

主屋 2 階部分外観

屋号「堺屋」の「サ」の字が入った軒丸瓦

主屋帳場と東面の土間

主屋座敷（西面）

正面全景

県立農学校講堂（宇都宮白楊高校旧講堂）

けんりつのうがっこうこうどう（うつのみやはくようこうこうきゅうこうどう）

【登録文化財】［所在］宇都宮市今泉
2021［建築年］明治36年

明治期に創立された農学校の歴史を今に伝える洋風木造建築で、栃木県内の実業学校では最も古い木造校舎である。

この講堂のある県立宇都宮白楊《はくよう》高校の前身は、明治二八（一八九五）年四月に河内郡姿川村鶴田（現在の県立宇都宮高校敷地内）に創立された栃木県簡易農学校である。明治三〇（一八九七）年、県立農学校は学校の敷地を那須郡野崎村（現在の大田原市野崎地区）に求め、校舎等の整備を進めていたが、地の利が悪かったため、明治三六（一九〇三）年、宇都宮市今泉へ移転し現在に至っている。

講堂は木造平家建、寄棟造の桟瓦葺で洋小屋トラス。外観は鎧《よろい》下見板張など、洋風の建築技術が採用されている。軒下には連続の軒支輪を廻し、六連の上げ下げ窓を穿《うが》っている。室内の天井にも支輪を廻すなど、社寺建築で用いられる和風の意匠が随所に見られる点にも特徴がある。小壁には絵柄を入れ縁取りしたパネルを廻している。なお、明治四三（一九一〇）年九月の皇太子行啓時に臨時の休息所として利用された便殿《びんでん》の名残りも遺っている。

正面全景

歩兵第六六連隊庖厨棟《ほへいだいろくじゅうろくれんたいほうちゅうとう》（宇都宮中央女子高校校舎《うつのみやちゅうおうじょしこうこうこうしゃ》）

【登録文化財】［所在］宇都宮市若草2-101-18［建築年］明治41年
［設計］陸軍省

宇都宮に残る軍事関連施設で唯一、明治期に建てられた建造物で、元々は陸軍第一四師団歩兵第六十六連隊の庖厨（台所）関連施設として建造された。

第一四師団は明治三八（一九〇五）年に福岡県小倉（現在の北九州市）で編成された。明治四〇（一九〇七）年に宇都宮への駐屯が決まると、歩兵第六十六連隊が新設され、翌四一年三月に入営、庖厨棟もこの頃に建造されたと考えられる。昭和八（一九三三）年からは栃木師範学校の理科実験実習室、昭和三一（一九五六）年からは県立宇都宮中央女子高校の倉庫、平成一四（二〇〇二）年からは多目的ホールとして使用されている。

外壁は三〇cm程の煉瓦造で強度に優れたイギリス積み。庖厨浴室棟の平面は梁間が五間で桁行は四五間ある。この桁行のうち、二七間が庖厨部分で残りの一八間が浴室部分にあてられていた。それに木造のトラスを架け、屋根中央に越し屋根を配し

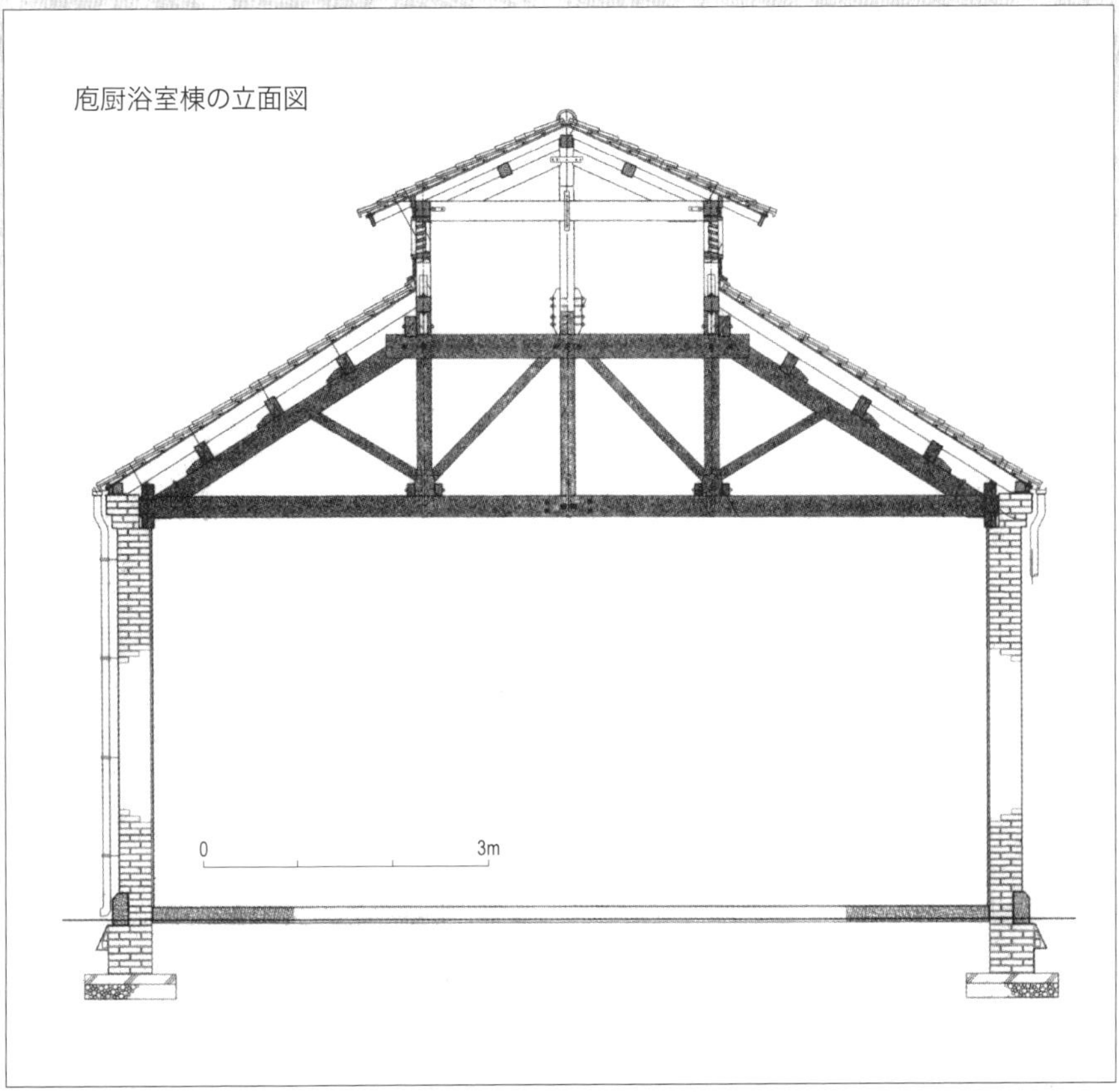

て煙と蒸気等の排気を促している。

強度に優れたイギリス積みの赤煉瓦は野木の下野煉化製造会社で焼かれたものを使用

カトリック松が峰教会《かとりっくまつがみねきょうかい》

正面全景

【登録文化財】［所在］宇都宮市松ケ峰1-1-5［建築年］昭和７年［設計］マックス・ヒンデル［施工］宮内初太郎［石工事］安野半吾

大谷石を貼った鉄筋コンクリート造で、わが国では数少ない双塔をもった教会として、また宇都宮市中心部のランドマークのひとつとしても親しまれている。

カトリック松が峰教会は、明治二一（一八八八）年に川向町に宇都宮天主公教会として創立された。教会の主任司祭を務めたカジャク神父は、「よそから人が見に来るような、（フランス）ルルドのような美しい石の大聖堂を建てることを一生の念願」とし、明治一八（一八八五）年頃から足利を中心に宇都宮周辺にまでおよぶ布教を開始。そして明治二八年には、松が峰に二千四百坪（約七九三四㎡）の土地を購入、旧聖堂が完成した。

その後、昭和六（一九三一）年に新聖堂が着工されたが、カジャク神父は前年に亡くなっており、昭和七（一九三二）年の

八角形のトンガリ屋根を頂く双頭（北側）

聖堂完成を見ることはできなかった。一一月には聖堂の聖別式が行われ「壮麗なる石造殿　宇都宮聖堂」として話題を呼んだ。

カジャク神父の想いは遂げられたが、教会を取り巻く環境は決して明るくはなかった。昭和六（一九三一）年の満州事変前後から、教会や在留宣教師等の言動は特別高等警察によって調査され、たとえば、新しい聖堂建造にあたった請負者や建築費、工事使用人員数なども内務・外務大臣にまで報告されていたという。

聖堂建設を構想したカジャク神父

設計を担当したのは、横浜在住のスイス人建築家で、東京のカトリック神田教会や上智大学1号館などを手がけたマックス・ヒンデル。そのデザインは、教科書通りのロマネスク様式である。軒先を飾るのはロンバルト帯（約千年前のデザイン）、玄関のアーチと縦枠には切り棒状の飾り縁を廻し、内部の丸柱には迫元、柱頭柱身、柱基ともにロマネスクの基本型によってデザインが構成されている。また教会らしくティンパヌム（建物入口上にある半円形をした装飾的な壁面）には、始めも終わりもない組紐が、アーチには道しるべ（北極星）をつけている。

アーチ模様「道しるべ」

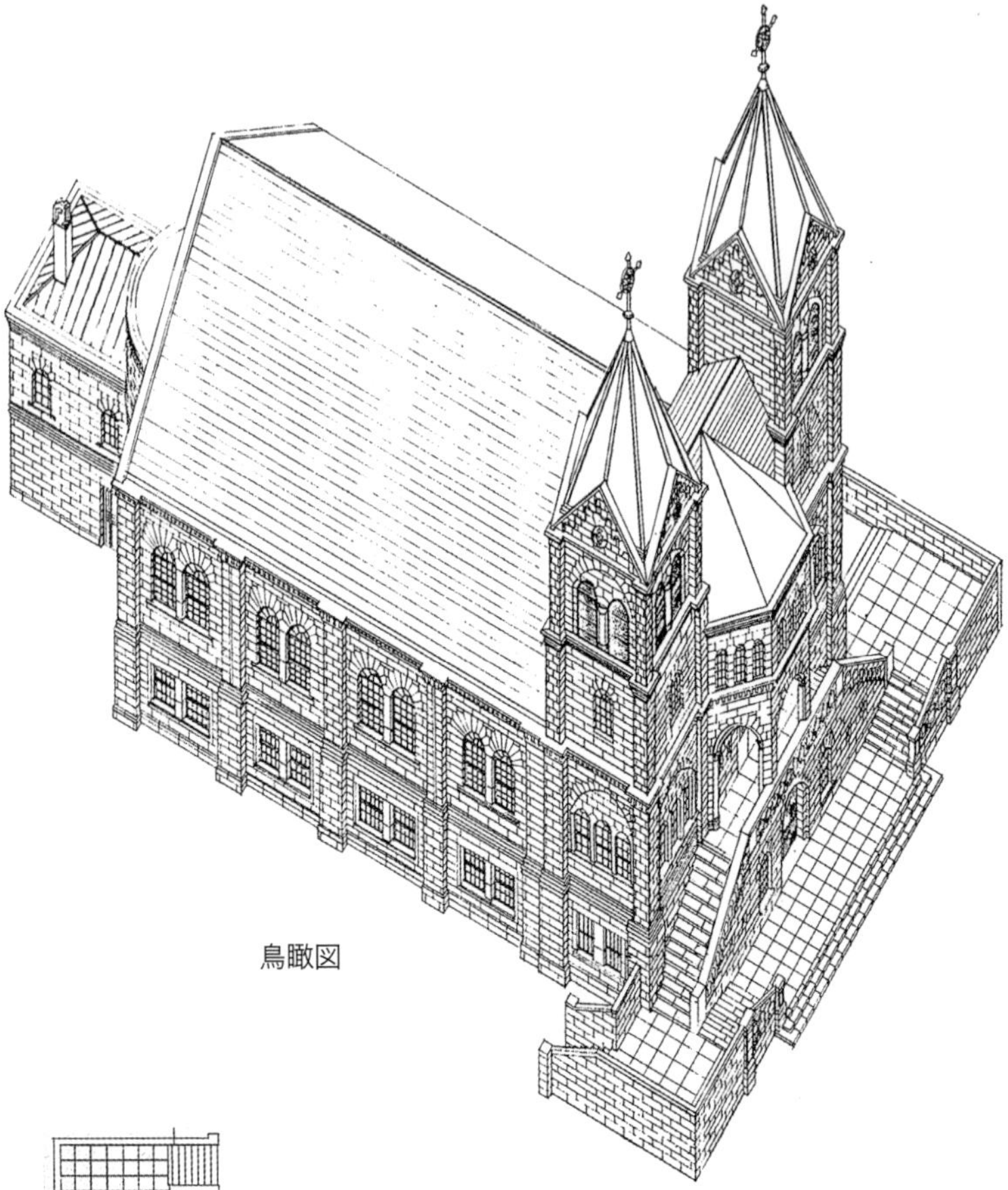

鳥瞰図

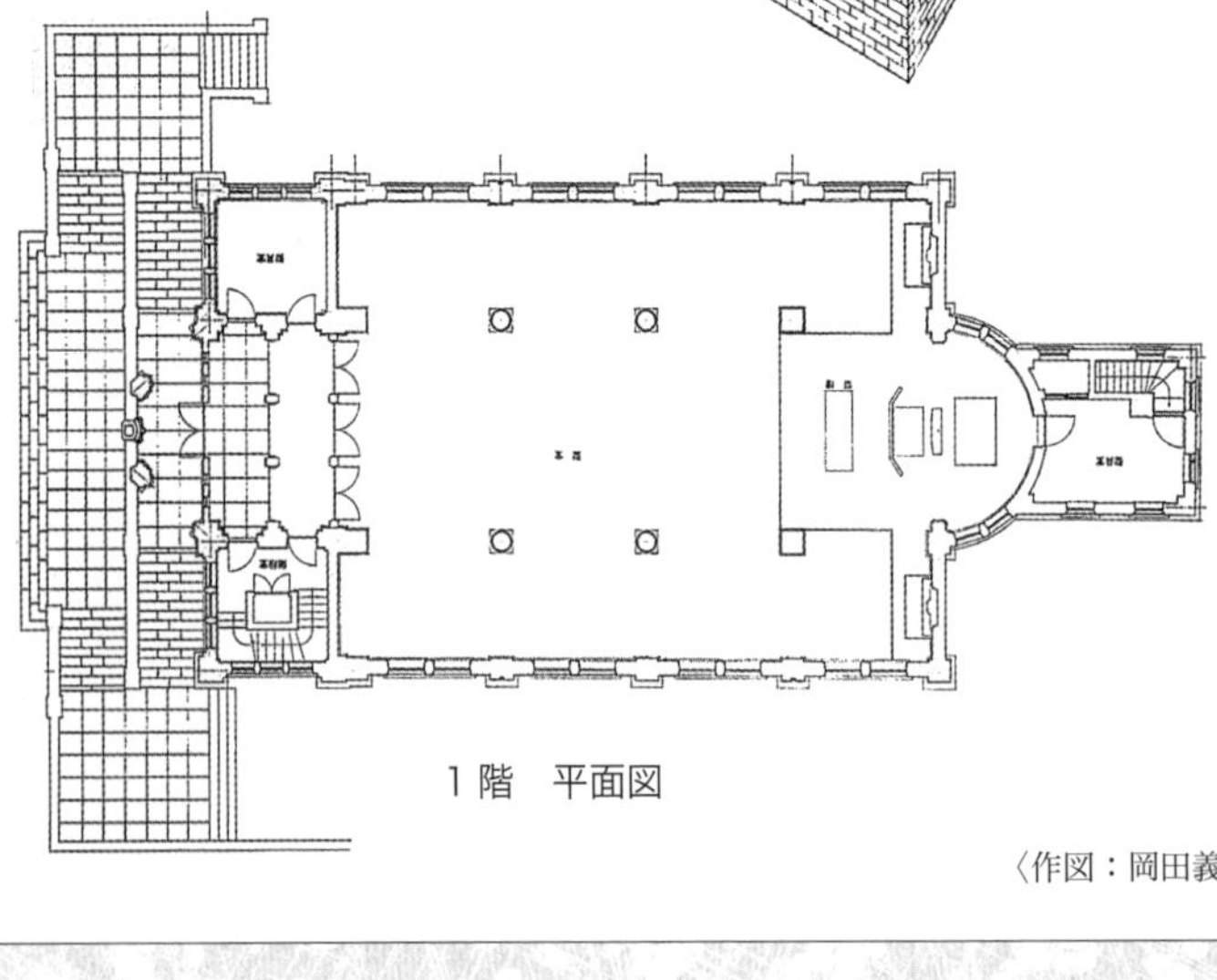

1階　平面図

〈作図：岡田義治／小倉孝夫〉

正面図

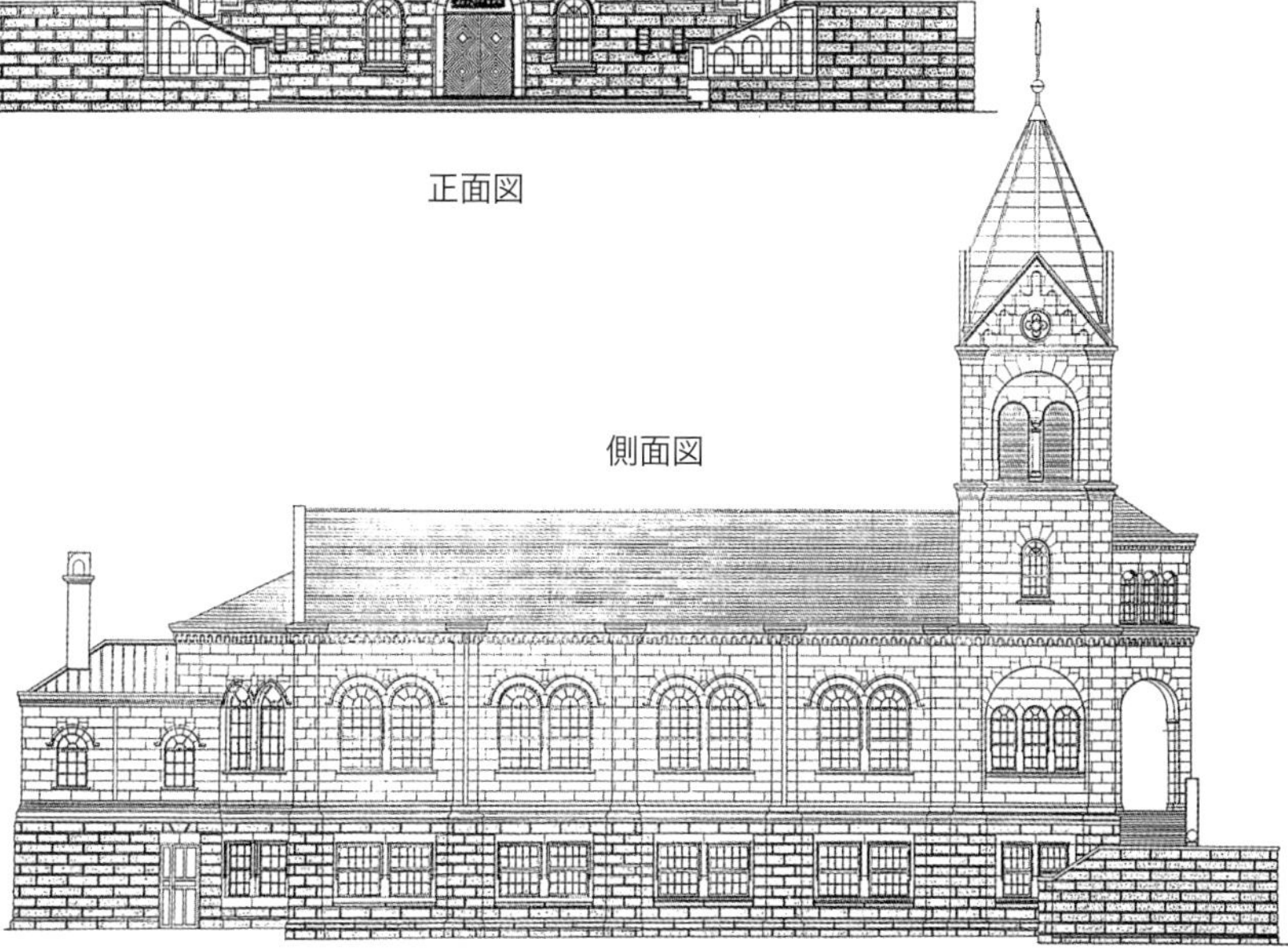

側面図

正面全景

護国神社《ごこくじんじゃ》（本殿・幣殿・拝殿）《（ほんでん・へいでん・はいでん）》

〔所在〕宇都宮市陽西1-37〔建築年〕昭和13年・昭和15年〔設計〕国粋建築研究所・二本松孝蔵〔施工〕小杉辰吉

　宇都宮市の大通りから西に延びる大谷街道を走ると、右手から広大な森が見えてくる。ここに鎮座する栃木県護国神社の起源は、明治五（一八七二）年に旧宇都宮藩知事で最後の宇都宮藩主である戸田忠友らにより創建された宇都宮招魂社で、二荒山神社南の高台に鎮座していた。明治八年の太政官布達により、戊辰戦争の殉難者は国家が祀ると決められ、官祭招魂社となった。その後、西南戦争や日露戦争などの戦役で亡くなった栃木県出身者をも併せて祀っている。なお、社務は歴代の二荒山神社の宮司の職掌であった。昭和一四（一九三九）年の内務省令により護国神社と改称し、翌年には宇都宮市外一の沢へ遷座した後、昭和二八（一九五三）年、栃木県護国神社と改称した。

　本殿は間口二間、奥行二間で、屋根は流造銅板葺で千木を付け鰹木をあげ、床は巡り縁を廻している。幣殿は三間四方、拝殿は入母屋造の唐破風付きで、間口二十五間、奥行三・六尺である。

拝殿の前面には、両翼二間×二間のコの字型の建物があり、拝殿の延長部となっており、平面に深みをもたせた堂々とした平面の設計としている。設計は神社営繕を主とした国粋建築研究所の創設者で、研究所閉鎖後の昭和二七（一九五二）年に栃木県建築士会の設立発起人のひとりとなった二本松孝蔵。拝殿における祭儀進行を広い境内の端から望むことができ、護国神社としては一般的な様式に基づいて設計されている。

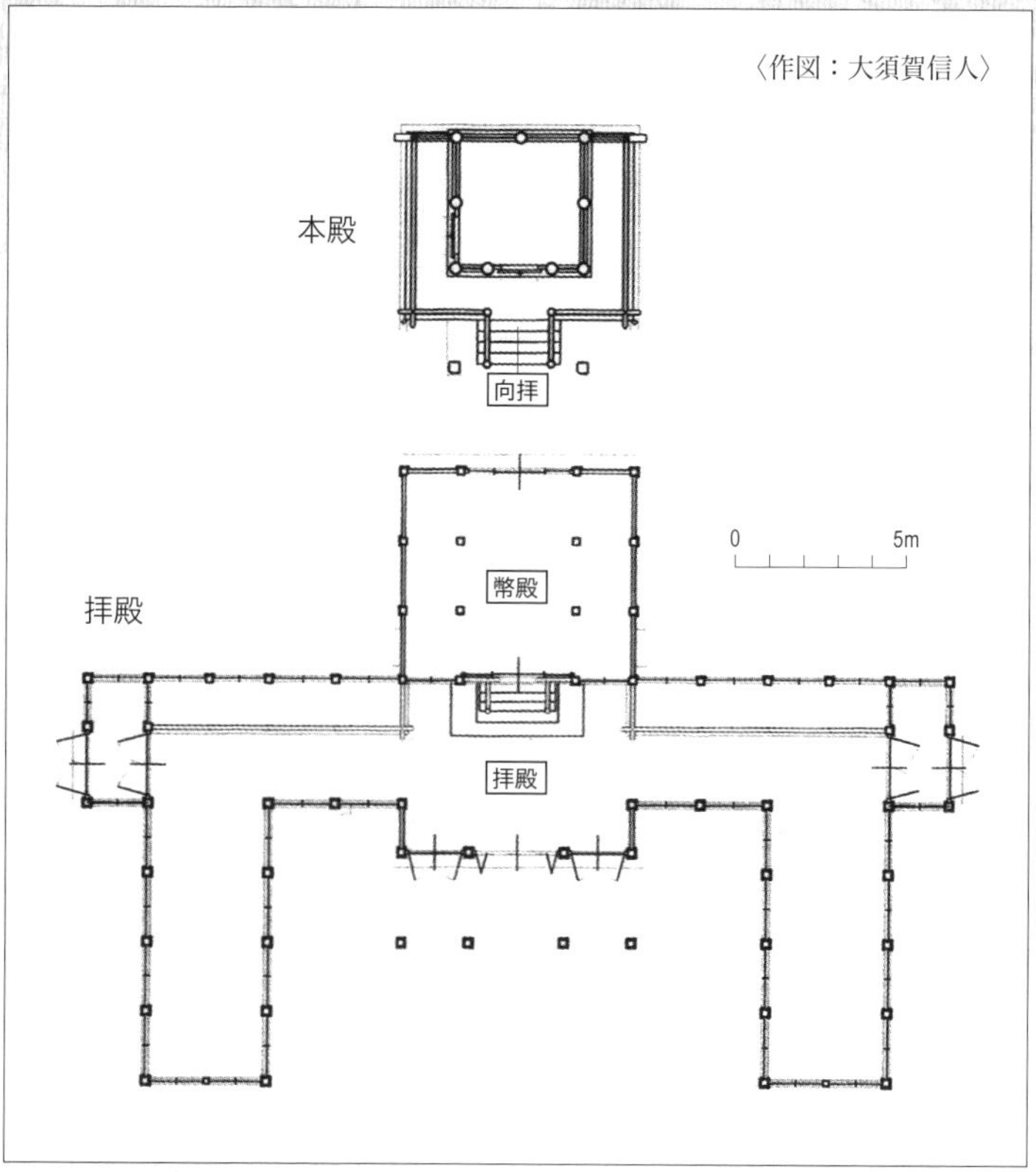

本殿・幣殿・拝殿の平面図

拝殿両翼コの字型の建物

大谷石の自然な風合いを活かした聖堂

日本聖公会宇都宮聖ヨハネ教会《にっぽんせいこうかいうつのみやせいよはねきょうかい》

【市指定文化財】［所在］宇都宮市桜2-3-27［建築年］昭和8年［設計］上林敬吉［施工］坪谷熊平［幼稚園建築年］明治44年

住宅地の一角に、大谷石蔵とは違った建物がひときわ目を惹く。大谷石の持つ素朴で自然な風合いを生かしたキリスト教のプロテスタント系である宇都宮聖ヨハネ教会の聖堂である。平成二五（二〇一三）年、第一六回宇都宮市まちなみ景観賞を受賞した。

日本聖公会（英国国教会）による宇都宮への伝道は、明治二四（一八九一）年頃T・S・チング司祭により始められ、明治四四（一九一一）年に「宇都宮聖ヨハネ教会」として認可された。この時建造された礼拝堂は、隣接する教会付設の愛隣《あいりん》幼稚園（明治四五［一九一二］年創立）として利用されている。なお幼稚園舎は、太平洋戦争による一時閉園や中島飛行機（現在のSUBARU）設計部による徴用などがあり改修が行われている。

現在の聖堂は昭和八（一九三三）年の竣工で、鉄筋コンクリート造の躯体に大谷石を張り付け、

全景（右側：旧宇都宮聖ヨハネ教会堂）

外壁にバットレスを付けてゴシック風の様式にまとめられている。平面は桁行二三・四m、梁間六・四mの矩形で、外陣・内陣（会衆席）・ミニチャペル等が設けられている。矩形のほかに特徴のある三階建の鐘塔等が付け加えられ、小屋組はシザーズ（鋏組）トラスを用い、内壁は漆喰塗りである。設計者は京都出身の上林敬吉で、同じ日本聖公会に属する日光真光教会礼拝堂（98ページ参照）を設計することになるガーディナーの事務所で主任技師として活躍した。

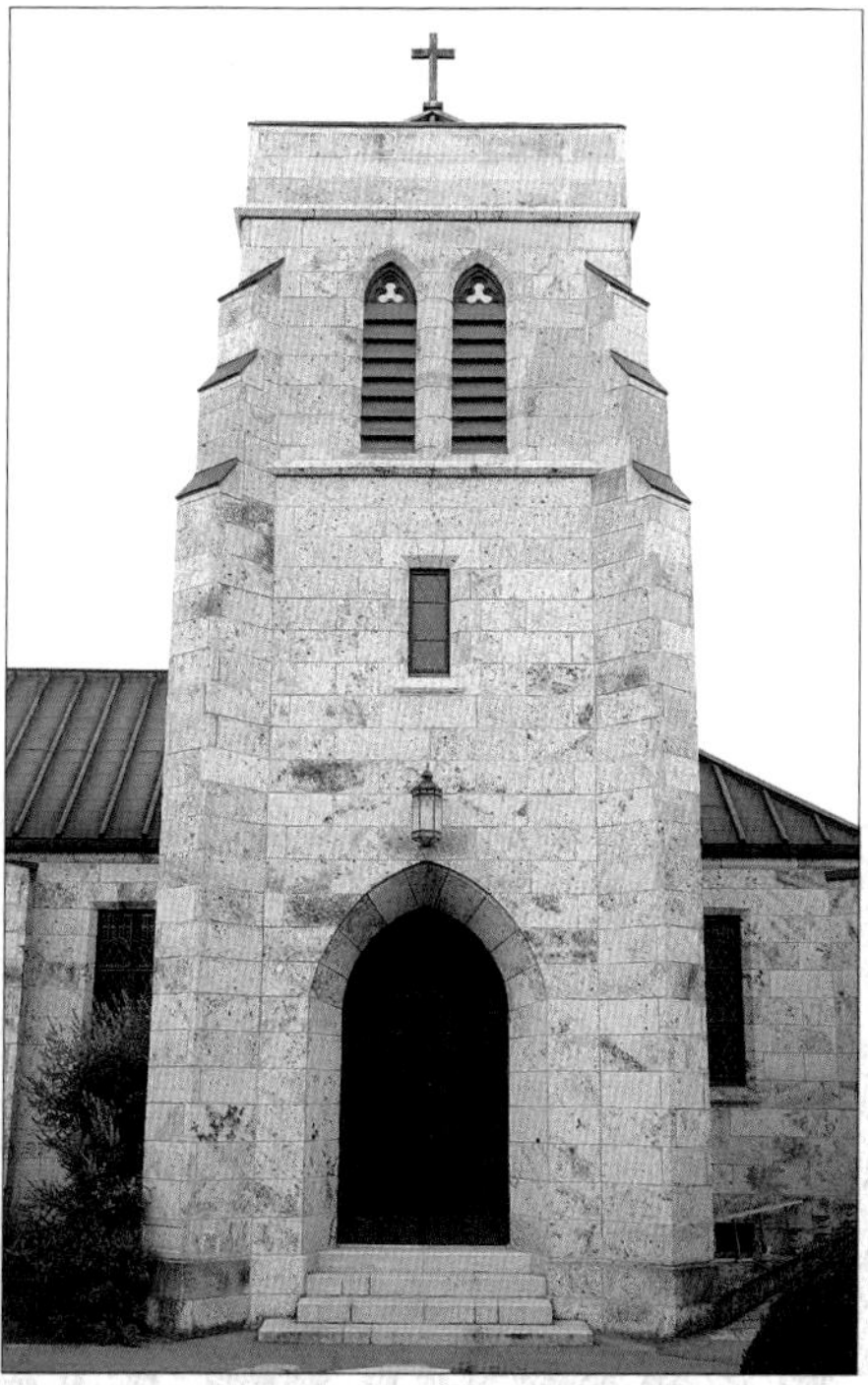

鐘楼棟（塔屋部分）

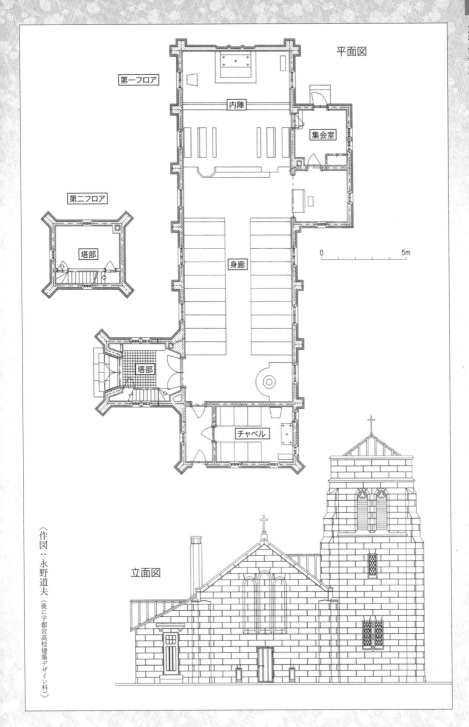

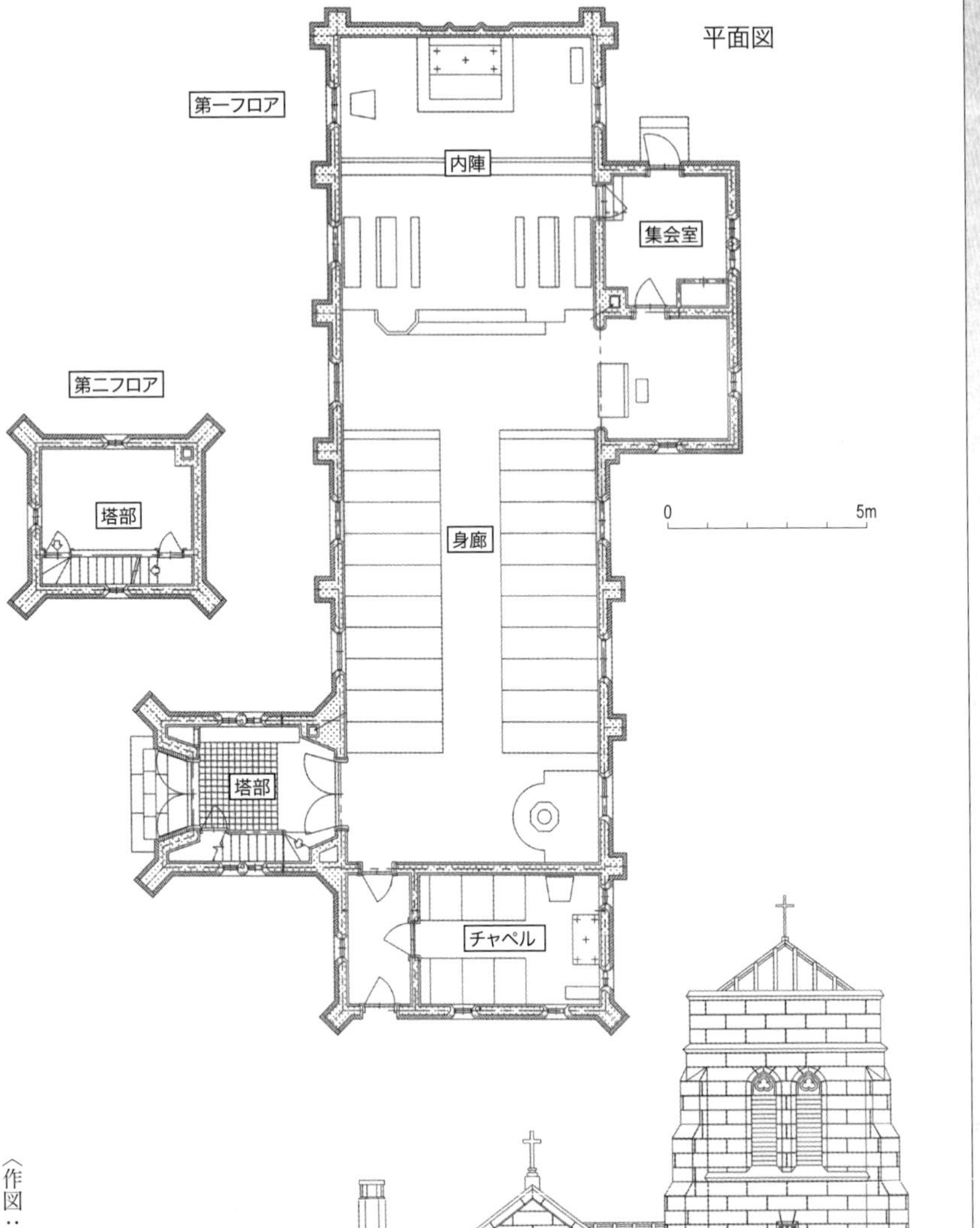

〈作図：永野道夫（後に宇都宮高校建築デザイン科）〉

正面全景。左右の窓枠が外れ、鉄板で覆われている

大谷公会堂《おおやこうかいどう》（城山在郷軍人会館《しろやまざいごうぐんじんかいかん》・宇都宮市城山出張所《うつのみやししろやましゅっちょうじょ》）

【登録文化財】［所在］宇都宮市大谷町1059［建築年］昭和4年［設計］更田時蔵

地元から産出される大谷石を使った多目的ホール「城山会館」として、昭和四（一九二九）年に建造された。元々は、河内郡城山村の村議会議事堂や軍人会館、催し物等で利用されていたが、昭和二九（一九五四）年の宇都宮市との合併で本来の役目を終え、その後は市の倉庫として、また一時期は出張所としても利用されていた。

建物は大谷石造平家建で、正面約一〇m、奥行きが約二三m（間口五・五間、奥行一二間）、平面は三つのブロックで構成される。設計を手がけたのは、栃木県内における建築事務所の草分け的な存在である更田時蔵。客席と舞台・控え室・手洗室と正面玄関・独立した控室が左右に設けられている。外観は三角形のペディメントを構成し、中央に装飾窓を配している。大谷石は寄付によるため仕上げは異なってはいるものの、正面の四本のピラスター（付柱）が特徴的で、幾何学的な文様が彫り込まれている。

正面全景

宇都宮大学旧講堂《うつのみやだいがくきゅうこうどう》

【登録文化財】［所在］宇都宮市峰350［建築年］大正13年［設計］吉田静［施工］馬上組

「峰が丘講堂」とも呼ばれた旧講堂は、大正一三（一九二四）年に宇都宮大学農学部の前身である宇都宮高等農林学校内で竣工した。

宇都宮高等農林学校は、明治三六年の専門学校令に基づき、大正一一（一九二二）年に創立した。高等専門学校の建設は、文部省大臣官房建築課が直接担当し、敷地の選定から建築の設計、工事監理・監督を行った。本館の工事は大正一〇（一九二一）年にはじまり、設計・工事監理者は文部省技師の吉田静。施工は馬上建設の馬上鉄蔵で、陸軍第一四師団管轄の宇都宮陸軍衛戍《えいじゅ》病院のほか、軍事施設を請負っていたことから「馬上鎮台《ちんだい》」とも称された。

旧講堂は間口が八間、奥行が一四間の総二階建。外部の意匠は下見板張の白ペンキ塗りで、窓は上げ下げとし、屋根は切妻で桟瓦葺。中央部に銅版張りの換気塔を建てている。幅広の妻壁を単調にすることなく、左右に小屋根を架けている。正面玄

左右の割貫状の柱が特徴的な正面玄関

車輪のような形をした柱頭

比翼入母屋破風を思わせるデザイン

関にはポーチを置き、水平の屋根版を大梁で支え、それを鉤型に配した柱で支えている。柱は割貫状で柱頭は車輪のような形をしている。

内部のほとんどは講堂主室で、南側に演壇が設けられている。

また、主室との境を大きな半円アーチで区切られている。主室上部は中央部が二階まで吹き抜けとなり、その周囲にギャラリーが巡っている。天井と壁面は白漆喰塗りで、木部はペンキ塗りで仕上げられている。

県庁舎中央部分（間口 118m の一部）

旧栃木県庁舎《きゅうとちぎけんけんちょうしゃ》（昭和館《しょうわかん》）

［所在］宇都宮市塙田1-1-20［建築年］昭和13年［設計］佐藤功一［施工］戸田建設

　四代目の県庁舎として昭和一三（一九三八）年から平成一五（二〇〇三）年までの間、長らく県のシンボルのひとつとして親しまれてきた。平成二〇（二〇〇八）年に現在の県庁舎東側へ移築され、「昭和館」の名称で一般見学や常設のレストランのほか、各種イベントでも活用されている。

　昭和一三年一〇月に竣工した鉄筋コンクリート造（一部鉄骨造）で、地上四階、地下一階建、間口一一八m、奥行六四m、延べ面積一万五五〇〇㎡（建坪約一一三〇坪）で、竣工時は一八二室を配置した。設計者は下都賀郡国分寺村（現在の下野市）出身の佐藤功一で、母校の早稲田大学大隈記念講堂の設計でも知られている。

　平面は庭園計画を意識した中庭を囲んで配置する「ロの字型」で、各室を結ぶ通路を北と西に寄せて配置し、日照や採光を合理的な手法で獲得できるよう工夫した。また、当時としては大胆に議事堂を西側に設けて、

1階正面（部分）

柱頭は設計者佐藤功一オリジナルの飾り

1階と2階をつなぐコーニス（軒蛇腹）とピラスター（付柱）にある小ぶりのデンテイル（歯飾り）

南と西側ファサードによって美しい空間を生み出している。外観はルネサンスを基調とし、一階を人造石に深い横目地を強調し、二階から四階まで通しのピラスターを建て、バロック建築に用いられたジャイアントオーダーに見立てる手法で、建物のスケール感を強調している。柱身には深い彫溝を付けて、柱頭には佐藤のオリジナルのコンポジット風の飾りを載せている。政庁と県庁舎内部のデザインの多くはヨーロッパの古代遺跡に例があるパルメット文様で統一してある。

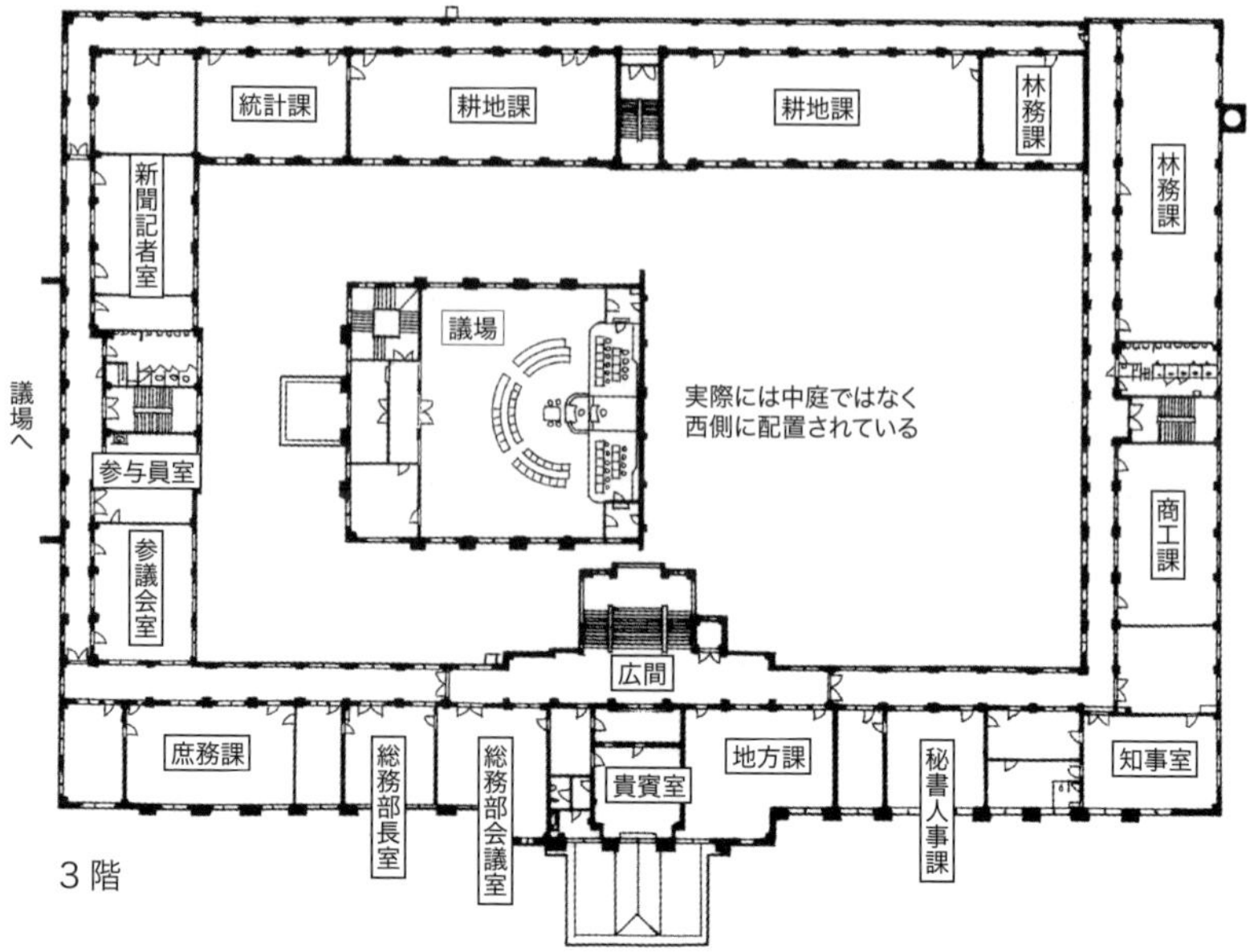
統計課
耕地課
耕地課
林務課
林務課
新聞記者室
議場
議場へ
実際には中庭ではなく
西側に配置されている
参与員室
参議会室
商工課
広間
庶務課
総務部長室
総務部会議室
貴賓室
地方課
秘書人事課
知事室
3階

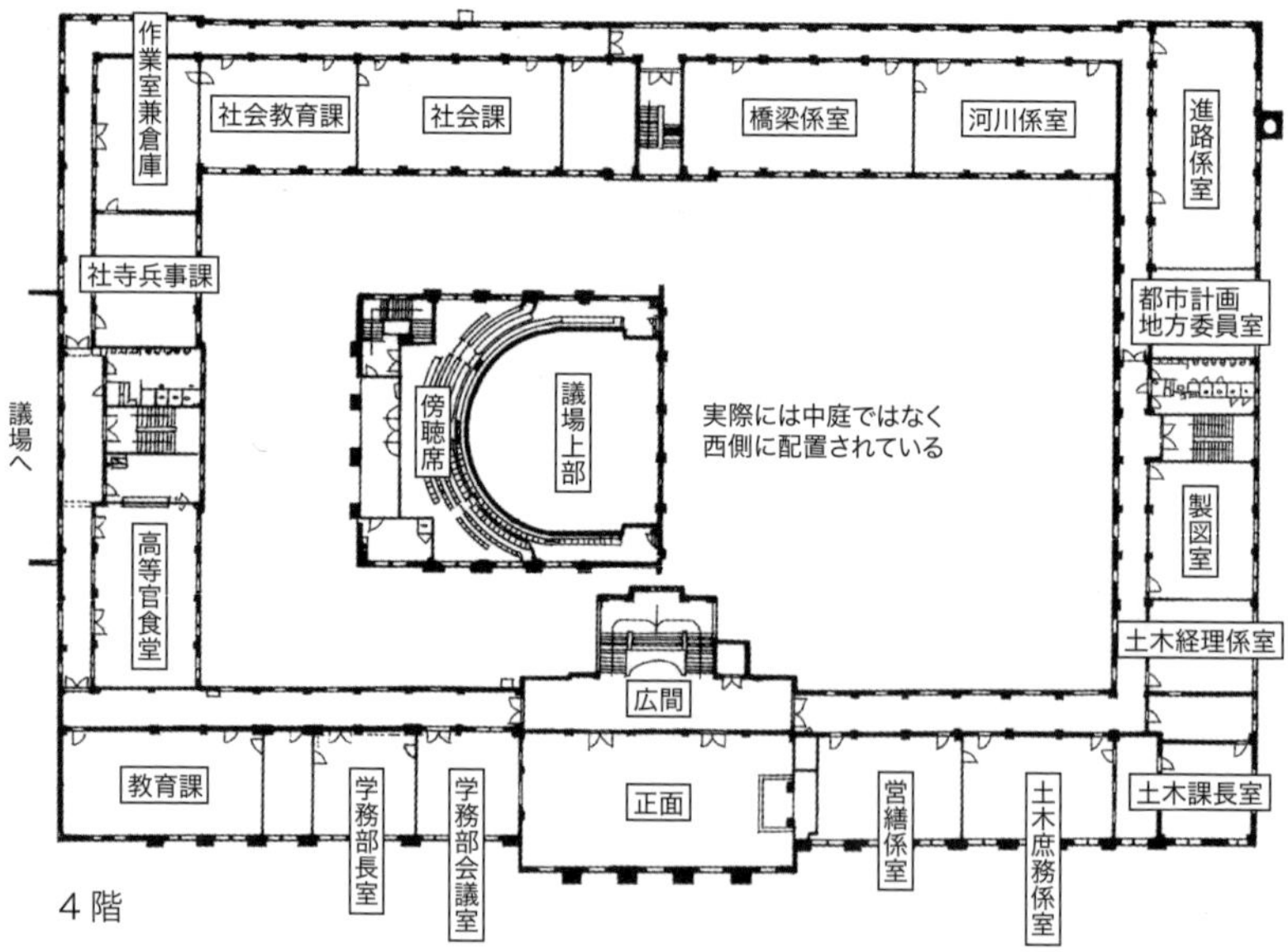
作業室兼倉庫
社会教育課
社会課
橋梁係室
河川係室
進路係室
社寺兵事課
都市計画
地方委員室
議場へ
傍聴席
議場上部
実際には中庭ではなく
西側に配置されている
製図室
高等官食堂
土木経理係室
広間
教育課
学務部長室
学務部会議室
正面
営繕係室
土木庶務係室
土木課長室
4階
〈作図：栃木県〉

旧栃木県庁舎の平面図

旧生沼家住宅の正面全景

旧生沼家住宅《きゅうおいぬまけじゅうたく》（生沼家住宅《おいぬまけじゅうたく》・土蔵《どぞう》）

【登録文化財】［所在］上三川町4978［建築年］大正3年［設計］岩見要助［改築］鯨歳光

上三川の中心街にひときわ堂々とした商家の店構えが目を惹く。約三〇〇年の歴史を持つ旧家・生沼家で、この地で太物・荒物・質屋などを営んできた。現在の建物（母屋）は木造二階建で、大正三（一九一四）年の改築。良質の欅が用いられている。奥の座敷との境には、大坂格子の建具が建込まれ、廊下には桜と脂松の床板に丁寧に釘彫りして、根太の鎹《かすがい》でとめる鶯張りが施してある。なお、文庫蔵は大正九（一九二〇）年の改築と伝えられている。

外観は平家部が南北方向に棟を通した切妻造の大屋根で桟瓦葺、二階部は入母屋造の桟瓦葺で、ほかに土蔵造一棟が残る。道路に面した表部分は四間半の蔀戸（格子戸）を連ねている。

大坂格子の建具

正面全景

蒲生神社《がもうじんじゃ》

【所在】宇都宮市塙田5-1-19【設計年】大正15年【設計】上田虎吉

林子平・高山彦九郎とともに寛政の三奇人のひとりに数えられ、また前方後円墳の名付け親でもある蒲生君平（一七六八～一八一三）を祀った神社。蒲生君平は宇都宮で生まれた儒学者で、歴代天皇の御陵荒廃を嘆き、その復興を志して御陵を探査修復、『山陵志』、『職官志』などを著した。

大正元（一九一二）年、崇敬者総代で元陸軍第一四師団長の鮫島重雄大将ほか八五名が神社創建願を提出。大正一五（一九二六）年七月に本殿が竣工され、同年には県社に列せられた。

また神社は江戸初期に活躍した初代横綱の明石志賀之助にゆかりがあるほか、入口の大鳥居は大正期の大横綱で下都賀郡赤麻村（現在の栃木市藤岡町）出身の第二七代横綱栃木山が寄進している。

本殿は木造平家建流造で、屋根には鰹木が設けられている。設計は二荒山神社（32ページ参照）の神門と東回廊の設計と大工棟梁としてかかわった上田虎吉。この他にも乃木神社本殿・社殿の大工棟梁として、大正期における県内の神社建築に深くかかわっていた。

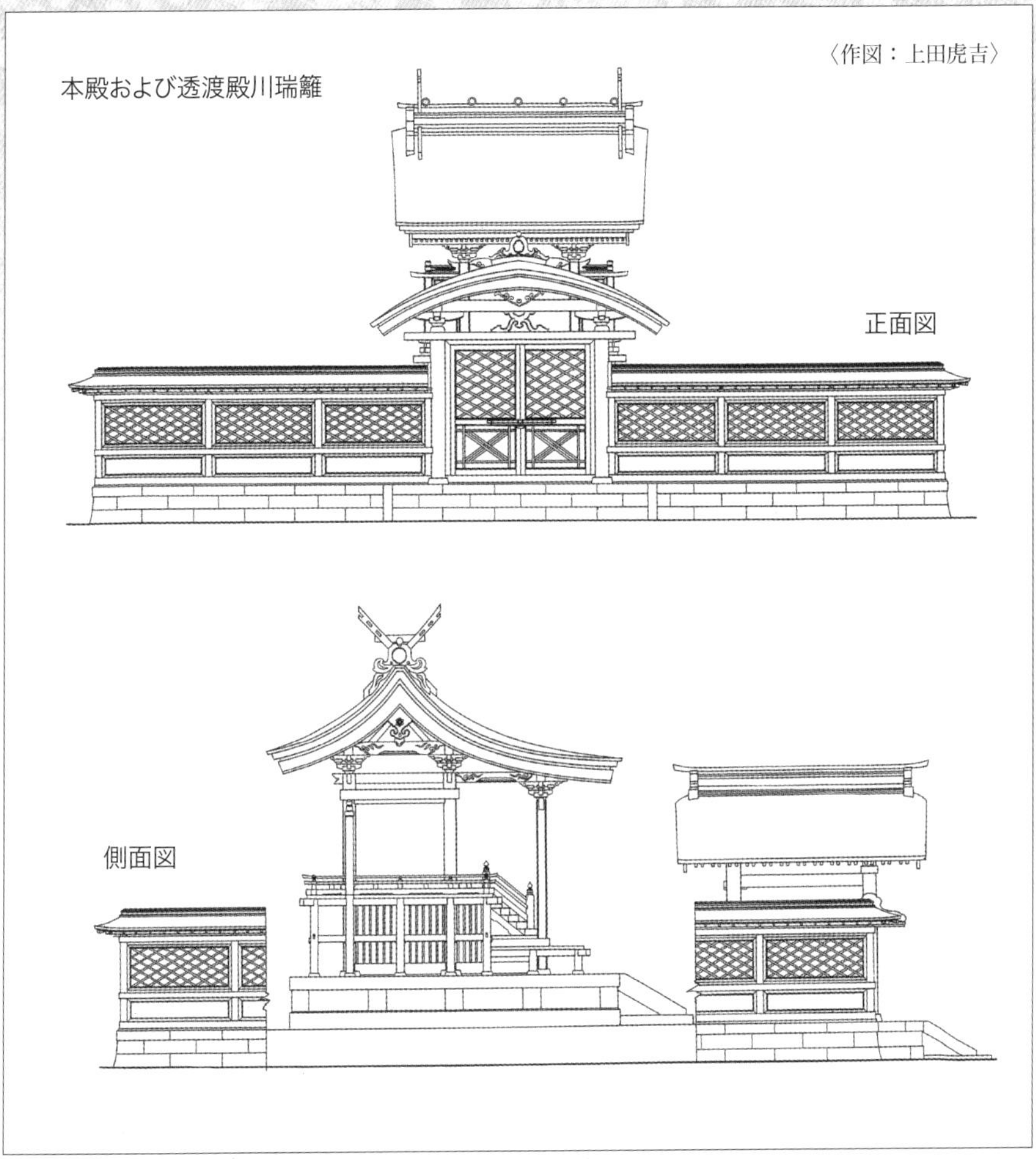

蒲生神社本殿と透塀の立面図

鳥居から拝殿をのぞむ

正面全景。左側：西蔵、右側：東蔵、中央に冠木門

屏風岩石材石蔵《びょうぶいわせきざいいしぐら》（西蔵《にしのぐら》・東蔵《ひがしのぐら》）

【県指定文化財】［所在］宇都宮市大谷町1088［建築年］明治32年［設計］渡辺陳平［施工］渡辺陳平

明治期における大谷石産業に尽力し、大谷の石材王とも称された渡辺陳平（一八七一〜一九四六）が営む石材店に建造された石蔵で、渡辺自らが設計を手がけている。石蔵は居住用に建造された洋風の西蔵（座敷蔵）と倉庫として建造された和風の東蔵（穀蔵）二棟が並び立つ。

いずれの蔵も尺角（幅・厚さともに三〇cm）の大谷石を積んだ二階建で、西蔵は寄棟造の桟瓦葺（かつては大谷石瓦を使っていた）、入口の庇は唐破風様の曲線で、一階は座敷と物入れで、二階は南廊下に沿って二つの和室を設けている。窓は上部に迫り

東蔵側面

石を置いたアーチ状で、窓の両側には円柱状の付柱を配した洋風意匠でまとめている。対して東蔵は切妻造の桟瓦葺を採用し、窓とその両側、入口の庇から装飾までもが直線的な和風意匠でまとめている。

瀟洒な雰囲気の持つ西蔵と硬く力強さを感じる東蔵の意匠といった対照的な点こそ、これら石蔵の特徴であり、その後普及した大谷石蔵のモデルにもなった。

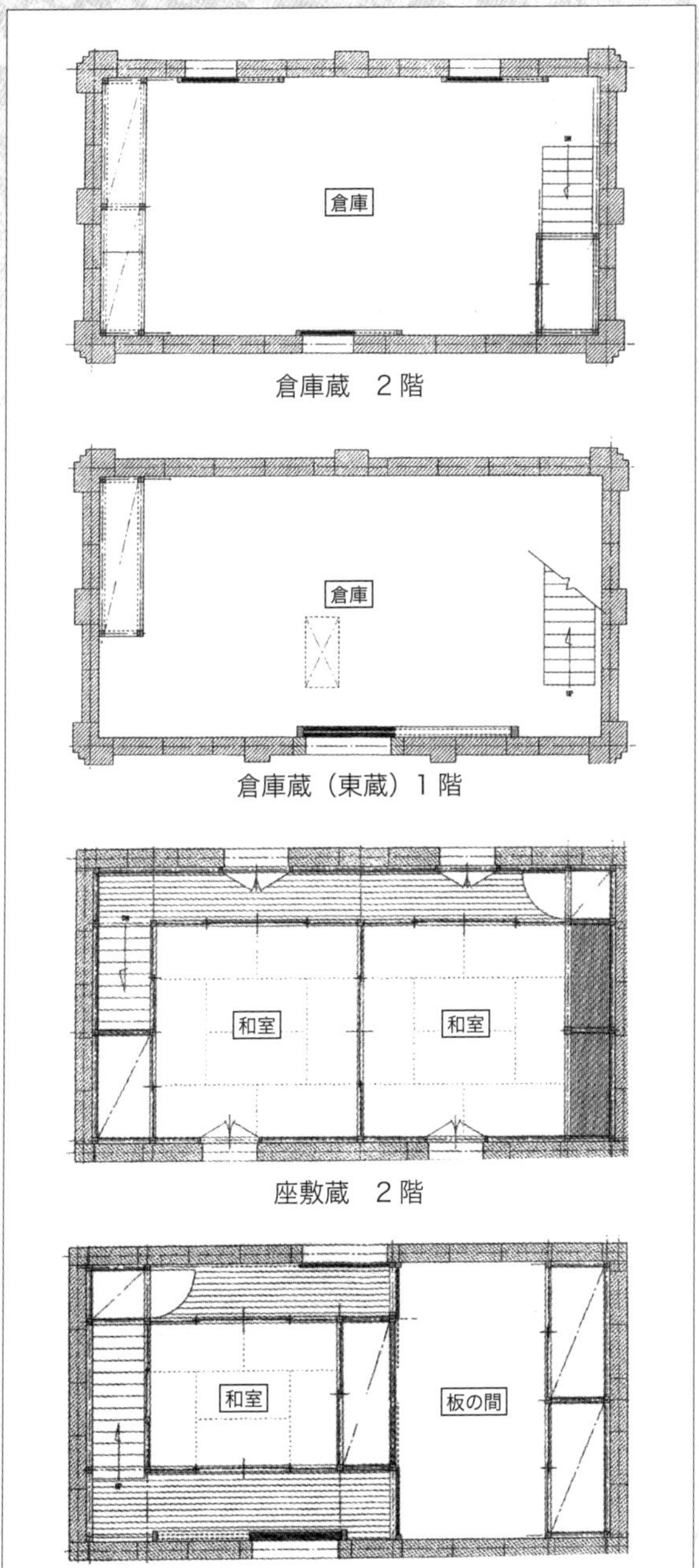

屏風岩石材石蔵の平面図

正面全景

上野本家住宅《うえのほんけじゅうたく》（見世蔵・文庫蔵・住居・辰己蔵・穀蔵）《（みせぐら・ぶんこぐら・じゅうきょ・たつみぐら・こくぐら）》

【市指定文化財】［所在］宇都宮市泉町6-30［建築年］明治20年～30年代【文庫蔵】［設計］築工担任・丸山彦吉【辰己蔵・穀蔵】［設計］棟梁・黒崎喜三郎

旧日光道中（現在の清住町通り）に面した商家で、屋号の「油屋」が示す通り、天保一二（一八四二）年に初代松次郎（以後、代々の当主が名乗ることとなる）が現在の上野家北側の敷地を拠点に油・肥料問屋等を営んだ。ちなみに、「上野さん」の愛称で親しまれた上野百貨店創業者は、ここの分家の出である。

見世蔵は木造二階建切妻造の桟瓦葺で、かつては揚戸・格子戸など見世蔵特有の建具であったが、現在はアルミ製建具に変わってはいる。しかし、ショーウインドウ風の軽快な窓は斬新で古さを感じさせない。文庫蔵は土蔵造二階建切妻造の桟瓦葺で、入口には煙返し石を敷いて、煙がよどむよう防火扉を用いている。また、見世蔵と同じく外壁を黒漆喰塗で外部意匠を統一させている。住居は木造平家建切妻造の桟瓦葺で、床柱が自然木に近い槐《さいかち》で、廊下の天井板に屋久島産の杉材を使用していて、使われている部材にこだわりを感じる。辰己蔵は木骨石貼二階建切妻造の桟瓦葺で、文庫蔵に準ずる仕様である。穀蔵は石造二階建切妻造の桟瓦葺で、大谷石頂部に木製の桁を載せ、そこに洋小屋トラスを架け化粧天井で仕上げている。

旧日光街道に面した見世蔵

穀蔵の上部。大谷石頂部に木桁を載せ洋小屋トラスを架けている

肥料蔵（左）と穀蔵（右）

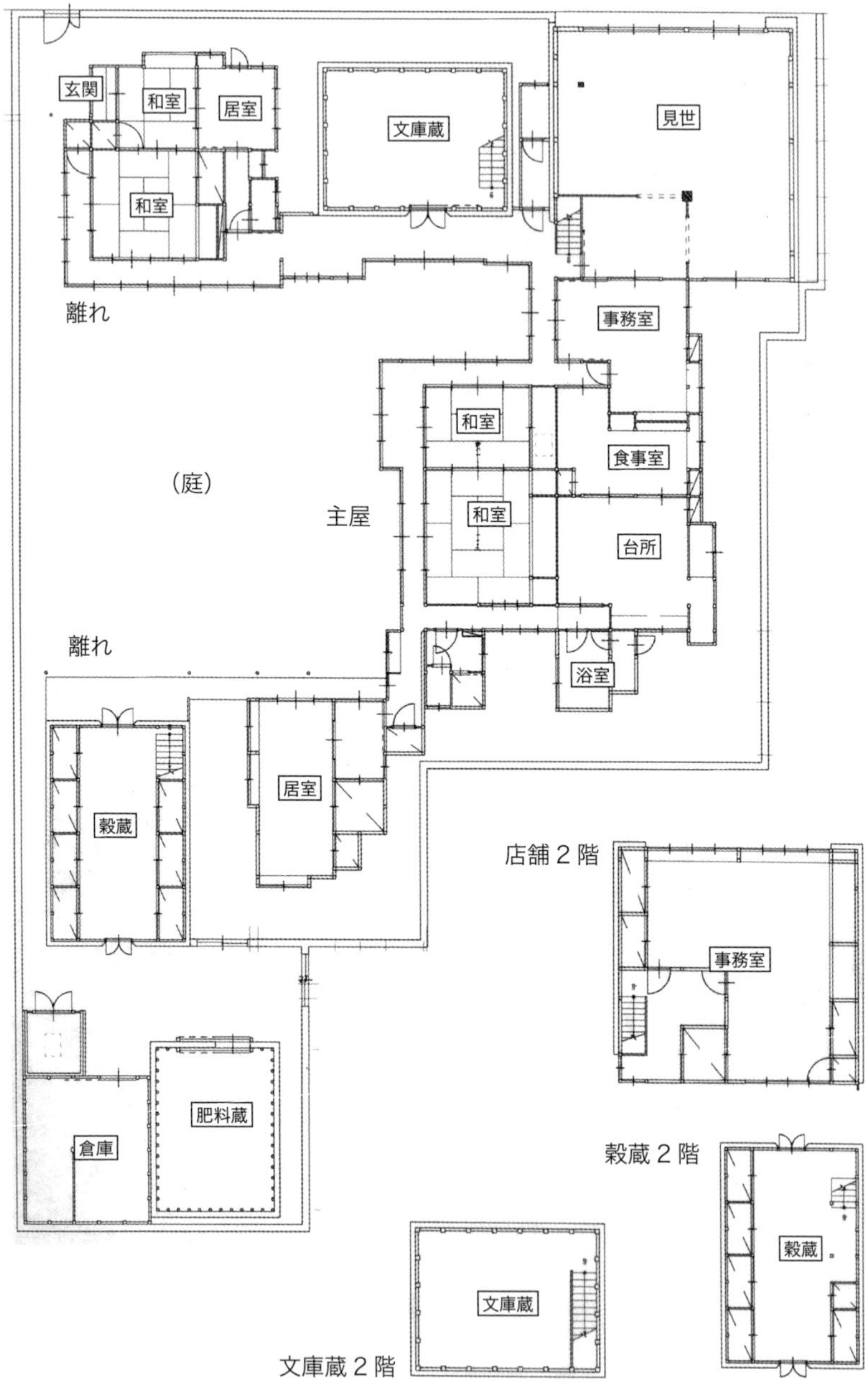

〈作図：田村哲男〉

見世蔵・文庫蔵・住居・辰己蔵・穀蔵の平面図

県東地区

栃木の近代化遺産を歩く

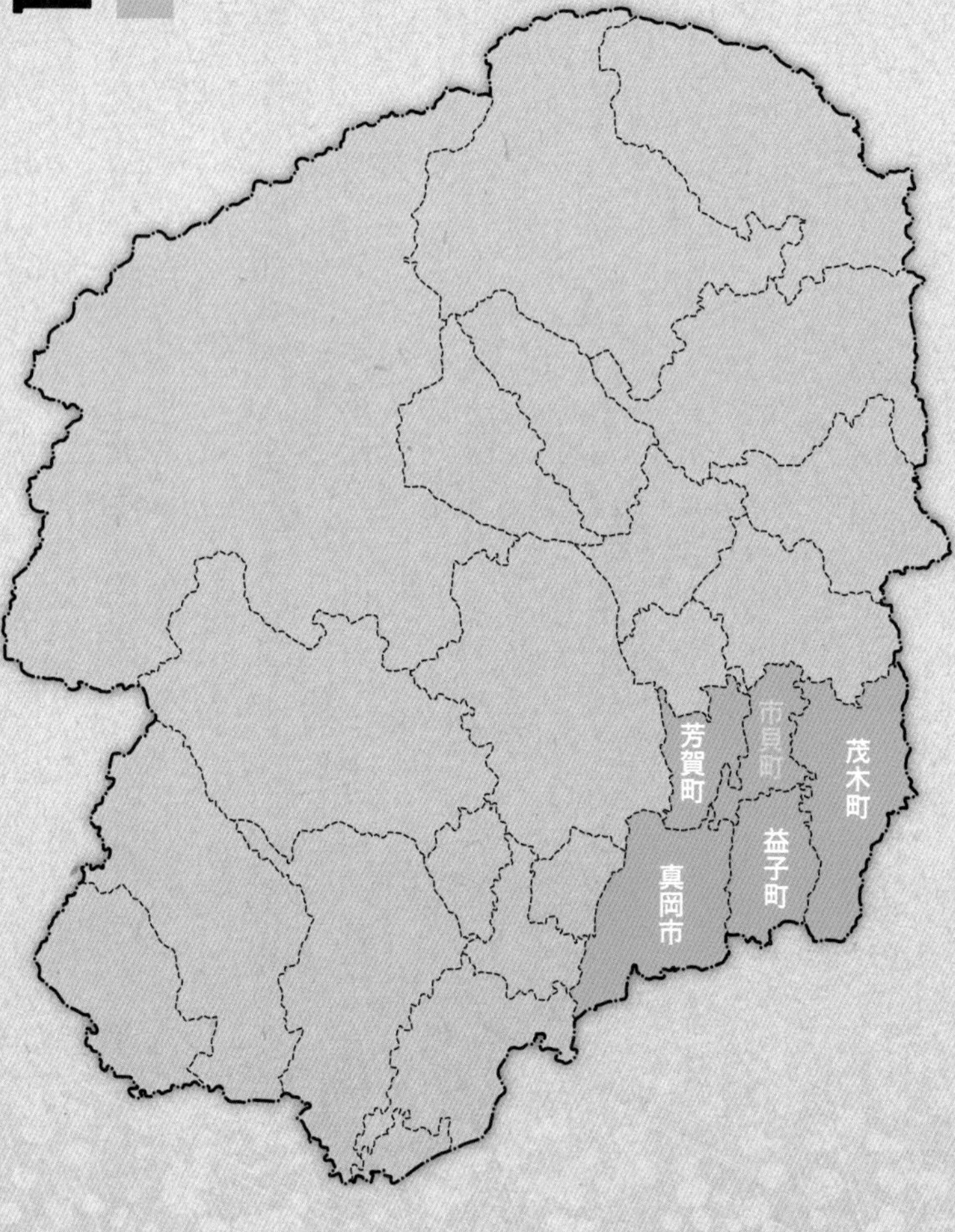

県東地区

県の東南部にある芳賀郡は、江戸期には郡内を流れる鬼怒川や那珂川に河岸が設けられると、一大都市であった江戸との人やモノの交流が活発になった。とりわけ真岡の呉服商だった岡部家の接客用別荘である金鈴荘は、この頃の名残を今に伝えている。

このような土壌があるためか、明治期以降、真岡を中心に文化的活動や人を育てることへの関心が高かった。たとえば、明治三三（一九〇〇）年に県内で三番目の旧制中学校として開校した県立旧制第三中学校（現在の真岡高等学校）本館や真岡出身の美術評論家・久保貞次郎が寄贈した真岡小学校久保講堂がある。

美術といえば、現在の茂木町出身で長らくニューヨークを拠点に陶器の絵付けデザインなどを手がけていた古田土雅堂《こだどがどう》がアメリカから組立式住宅を輸入し、宇都宮市に建てた邸宅は、わが国の住宅近代化の歩みを知る上で貴重な建造物である。そして茂木町には、明治六（一八七三）年創立の木幡小学校校舎も残されている。また、益子町に残る陶芸家濱田庄司宅の来客用宿泊棟であった益子参考館上台《うえんだい》は、近世民家の貴重な建造物である。一方、芳賀町の豊田家住宅は戦前の個人住宅としてはユニークな防火に特化した大谷石積で和洋折衷の建造物として貴重である。

この他、奥日光湯元から移築され、現在は益子町所有である南間ホテル別館（現・ましこ悠和館）は、外観の大胆な和風意匠と相まった貴重な近代和風建築である。

県東地区

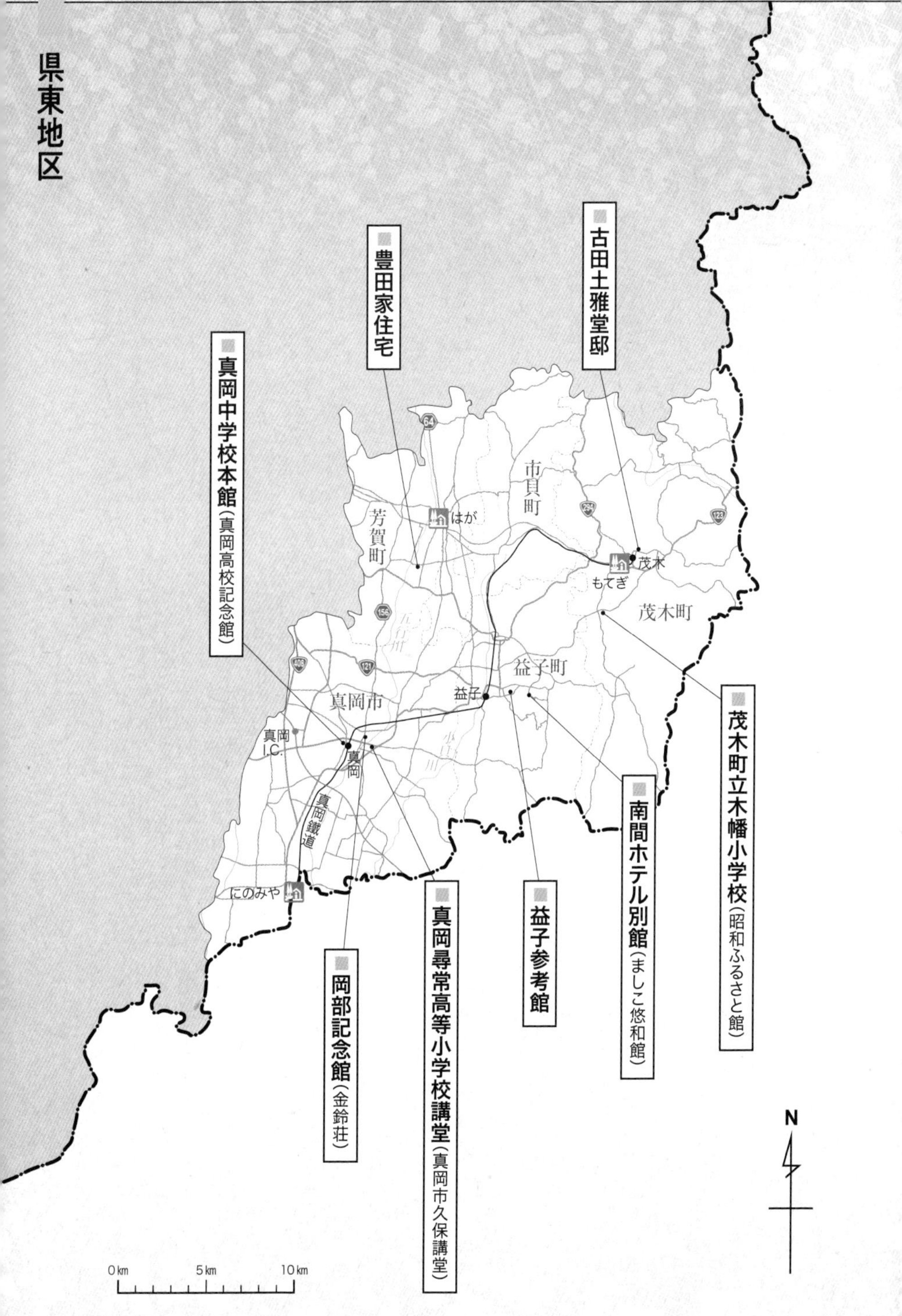

真岡中学校本館（真岡高校記念館）
豊田家住宅
古田土雅堂邸
茂木町立木幡小学校（昭和ふるさと館）
南間ホテル別館（ましこ悠和館）
益子参考館
真岡尋常高等小学校講堂（真岡市久保講堂）
岡部記念館（金鈴荘）
芳賀町
市貝町
茂木町
益子町
真岡市
はが
もてぎ
茂木
益子
真岡
真岡 I.C.
真岡鐵道
にのみや
64
294
123
156
408
121
0km
5km
10km
N

正面全景

古田土雅堂邸《こたとがどうてい》

【町指定文化財】［所在］茂木町茂木1123（移築）［建築年］大正13年［設計］シアーズ・ローバック社［施工］弘光組

茂木町出身の古田土雅堂（一八八〇～一九五四）が大正末期にアメリカから帰国後、同国のシアーズ・ローバック社から購入し、宇都宮市に建築したメール・オーダー・ハウス。現在、茂木町の「道の駅もてぎ」河川公園内に移築・復原、公開されている。

東京美術学校（現在の東京藝術大学）卒業後の明治三九（一九〇六）年に渡米し、森村ブラザース社（現在の森村商事株式会社）に入社し、陶器の絵付けをする専属の画工として勤務。その一方で、「新画風をもって異彩を放つ画家」として認められていた。雅堂は大正一三（一九二四）年までアメリカで生活をしていたが、たまたま子どもの教育について帰国したいと思っていた矢先に発生した関東大震災で、「帰国しても住宅を造る材料もなく、大工もいない」という噂に接し、「フワッと」組立住宅を注文。当時の価格で一九八四ドル（当時のレートで一ドル＝二円）だった。

注文後、横浜は桜木町駅から宇都宮へ移送して建築した。建築費は労務・材料費を含めて、累計一万二三二二円を要した。なお、当時の『下野新聞』（大正一三年一二月二日付）には、「米国から来た家が宮市に出来た」という見出し記事が掲載されていた。

雅堂は購入後、日本に送る住宅資材についてイラスト付で詳細に関係者に伝えていた。そこには、主要建築材料の木材が厚さ二寸で幅が二〜八寸までの板材であると記されていたという。そして創建当時の施工図面から、ツーバイフォー構法の前身であるバルーンフレーム構法であることがわかる。

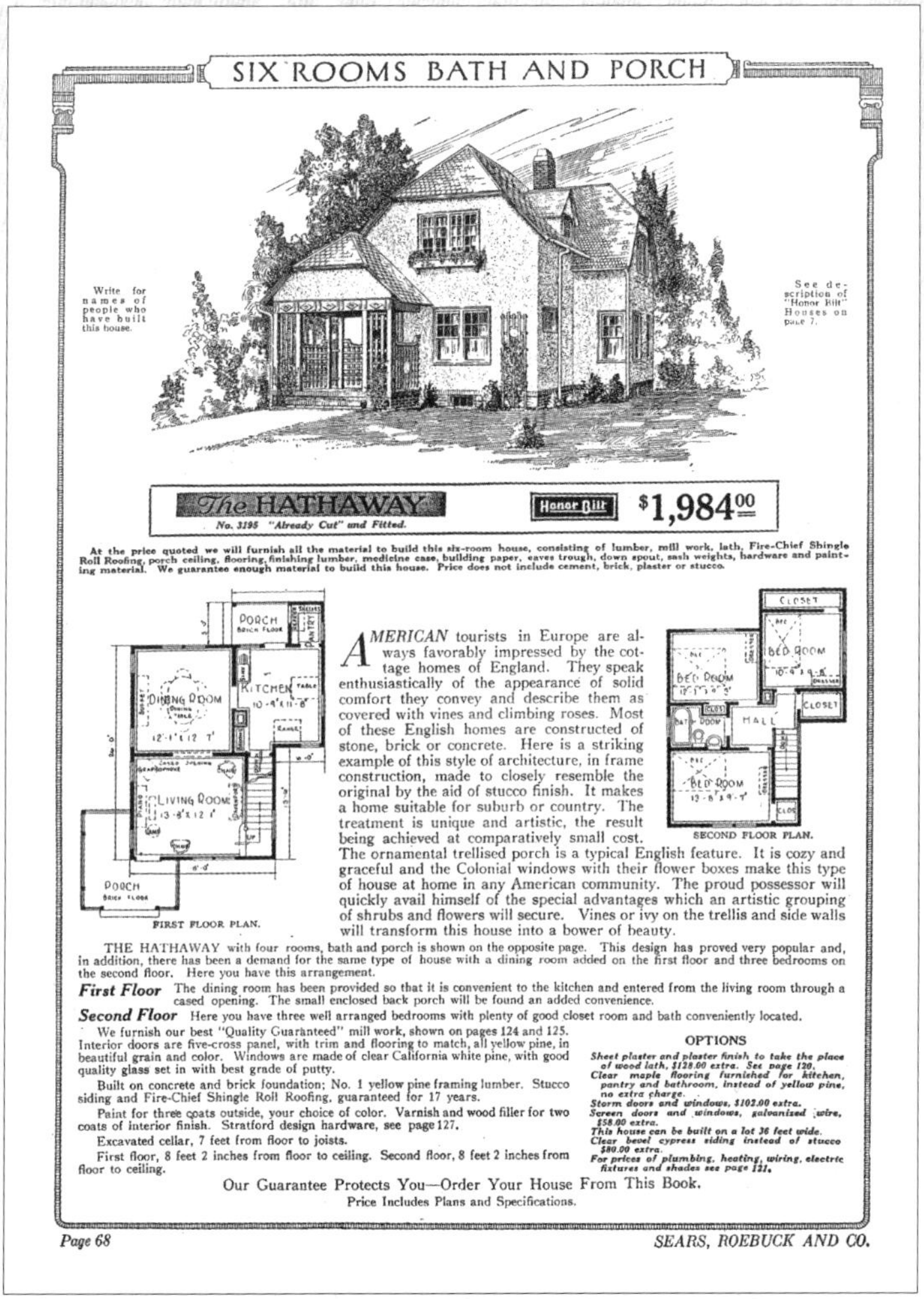

SIX ROOMS BATH AND PORCH

Write for names of people who have built this house.

See description of "Honor Bilt" Houses on page 7.

The HATHAWAY　Honor Bilt　$1,984.00

No. 3195 "Already Cut" and Fitted.

At the price quoted we will furnish all the material to build this six-room house, consisting of lumber, mill work, lath, Fire-Chief Shingle Roll Roofing, porch ceiling, flooring, finishing lumber, medicine case, building paper, eaves trough, down spout, sash weights, hardware and painting material. We guarantee enough material to build this house. Price does not include cement, brick, plaster or stucco.

AMERICAN tourists in Europe are always favorably impressed by the cottage homes of England. They speak enthusiastically of the appearance of solid comfort they convey and describe them as covered with vines and climbing roses. Most of these English homes are constructed of stone, brick or concrete. Here is a striking example of this style of architecture, in frame construction, made to closely resemble the original by the aid of stucco finish. It makes a home suitable for suburb or country. The treatment is unique and artistic, the result being achieved at comparatively small cost. The ornamental trellised porch is a typical English feature. It is cozy and graceful and the Colonial windows with their flower boxes make this type of house at home in any American community. The proud possessor will quickly avail himself of the special advantages which an artistic grouping of shrubs and flowers will secure. Vines or ivy on the trellis and side walls will transform this house into a bower of beauty.

FIRST FLOOR PLAN.　SECOND FLOOR PLAN.

THE HATHAWAY with four rooms, bath and porch is shown on the opposite page. This design has proved very popular and, in addition, there has been a demand for the same type of house with a dining room added on the first floor and three bedrooms on the second floor. Here you have this arrangement.

First Floor The dining room has been provided so that it is convenient to the kitchen and entered from the living room through a cased opening. The small enclosed back porch will be found an added convenience.

Second Floor Here you have three well arranged bedrooms with plenty of good closet room and bath conveniently located.

We furnish our best "Quality Guaranteed" mill work, shown on pages 124 and 125. Interior doors are five-cross panel, with trim and flooring to match, all yellow pine, in beautiful grain and color. Windows are made of clear California white pine, with good quality glass set in with best grade of putty.

Built on concrete and brick foundation; No. 1 yellow pine framing lumber. Stucco siding and Fire-Chief Shingle Roll Roofing, guaranteed for 17 years.

Paint for three coats outside, your choice of color. Varnish and wood filler for two coats of interior finish. Stratford design hardware, see page 127.

Excavated cellar, 7 feet from floor to joists.

First floor, 8 feet 2 inches from floor to ceiling. Second floor, 8 feet 2 inches from floor to ceiling.

OPTIONS

Sheet plaster and plaster finish to take the place of wood lath, $128.00 extra. See page 120.
Clear maple flooring furnished for kitchen, pantry and bathroom, instead of yellow pine, no extra charge.
Storm doors and windows, $102.00 extra.
Screen doors and windows, galvanized wire, $58.00 extra.
This house can be built on a lot 36 feet wide.
Clear bevel cypress siding instead of stucco $80.00 extra.
For prices of plumbing, heating, wiring, electric fixtures and shades see page 121.

Our Guarantee Protects You—Order Your House From This Book.
Price Includes Plans and Specifications.

Page 68　*SEARS, ROEBUCK AND CO.*

シアーズ・ローバック社の枠組み住宅パンフレット

正面全景（上之台・４号館）

益子参考館《ましこさんこうかん》

【県指定文化財（上之台）／町指定文化財（細工場／登窯）】［所在］益子町益子3388（移築）・3021（移築）［建築年］昭和16年（細工場）・昭和17年（長屋門）

陶芸家濱田庄司（一八九四～一九七八）がこれまで蒐集してきた各地の生活工芸品を展示するため、昭和四九（一九七四）年に自らの八十歳を記念して自邸に設立し、昭和五二（一九七七）年四月に開館した。

昭和五〇（一九七五）年に移築し、蒐集品の展示室として利用している大谷石蔵（2・3号館）は二階建寄棟造の桟瓦葺で、中央に玄関ポーチを張り出し、上部をバルコニーとしており、玄関部分や矩形の窓廻りにも洋風装飾が用いられている。

さらに奥へと行くと、昭和一七（一九四二）年に来客用の宿泊棟として、益子町小宅の高野家主屋を解体移築した上之台（4号館）があり、現在は展示棟として利用されている。上之台は大規模な民家で、桁行一四間、梁間七間、左正面に入母屋造の式台を突き出す。桁行六間が土間部で三重梁を架け、東側に馬屋跡、西側の土間境には居間、中廊下、北の間が並ぶ。座敷部は鉤型三室構成で、南側と西側に一間の広縁が巡る。式台の奥の中の間は正面に框《かまち》を上げた大床を設けている。主室となる上

長屋門（1号館）

工房

大谷石蔵（左側：3号館、右側：2号館）

段の間は床・棚・付書院を備え、次の間との境には筬欄間《おさらんま》が嵌め込まれるなど、整った室内構成が見られる。

【長屋門（1号館）】明治初期創建。木造平屋・寄棟造桟瓦葺。茂木町大崎家から購入。益子参考館の開館に合わせて昭和50年に建設。【大谷石蔵（2号館）】大正3年創建（梁の墨書）。石造平屋建・桟瓦葺。真岡市の元肥料商・岡部兵七の旧米蔵を昭和50年に移築。【大谷石蔵（3号館）】大正3年創建。石造2階建・桟瓦葺。【長屋門（濱田庄司館）】明治初期創建。木造平屋・寄棟桟瓦葺。茂木町・飯村家の長屋門を昭和16年に移築。屋根は平成元年に茅から瓦に葺替えられた。【上之台（4号館：うえんだい）】江戸末期創建。木造平屋建・寄棟造桟瓦葺。（施工・磯部文吉）【細工場】明治初期創建。木造平屋・兜造桟瓦葺。益子町の黒子家で作業場だった建物を昭和16年移築。

正面全景

岡部記念館《おかべきねんかん》（金鈴荘《きんれいそう》）

【県指定文化財】［所在］真岡市荒町2096-1［建築年］明治時代中期

真岡市の中心部・荒町通りの東にあり、かつて岡部呉服店の接客用別荘として活用されていた。真岡の近代化に貢献した二代久四郎（一八四九～一九二二）が建設資材を集め、大工等を三年間東京で修業させ、建築に十年余を費やしたと伝えられている。昭和二七（一九五二）年からは割烹料理「金鈴荘」として使用され、その後真岡市が借り受け、岡部記念館として公開された。平成一二（二〇〇〇）年には県指定文化財となり、翌一三（二〇〇一）年には真岡市の所有となった。平成一九（二〇〇七）年には金鈴荘西側に真岡木綿会館を建築。平成二三（二〇一一）年の東日本大震災では被災し、同二五（二〇一三）年までに耐震補強・災害復旧工事を終えた。

建物は木造二階建で、寄棟造桟瓦葺、小屋組は和小屋。桁行二三・八m、梁間一四・八mである。平面と意匠は、南面西端に玄関、北面中央に厨房を配し、東端に便所が突き出す（いずれ

上空からみた金鈴荘と庭園。防火のためのなまこ壁がよくわかる

庭園に南面した廊下

1階中央室。金鈴荘ではここが主室となっている

も平屋の棟）。一階の廊下を介して西の間（一二・五畳）、中央の間（一七・五畳）、東の間（一二・五畳）の三室が並ぶ。中央が主室で、一・五間幅の床の間の両脇に一間幅の天袋、違い棚を設け、左右対称としている。二階も同じ平面で造作等も共通し、東北端の部屋を十畳の板敷きとする。襖に松を描き、さながら能舞台の趣がある。一・二階とも縁を廻らせ開放的であるが、雨戸は銅板張りとし、防火に配慮していることをうかがわせる。また、金鈴荘は、近代和風建築に相応しい風格が漂う。

正面全景

南間ホテル別館《なんまほてるべっかん》（ましこ悠和館《ゆうわかん》）

※答申中（2020年4月1日現在）

【登録文化財※】［所在］益子4264-8［建築年］昭和4年（昭和48年移築）［設計］南間久吉

かつて奥日光湯元温泉にあったホテルで、別館は昭和二〇（一九四五）年八月、ここに疎開していた上皇陛下（当時は皇太子）が父・昭和天皇によるラジオ放送（玉音放送）を聴いた建物でもあった。昭和四八（一九七三）年に益子焼窯元のつかもとに譲渡された後、平成二八（二〇一六）年度に益子町へ寄贈。令和元（二〇一九）年六月に宿泊・展示施設として開館した。

木造二階建・鉄板瓦棒葺で、東西両端に入母屋造の端部を突き出す。外壁は真壁造で白漆喰塗。窓の外側には朱色の高欄と縁が付く。内部は二階への階段を上がると踏み込み付きの客室がある。中でも疎開中の上皇陛下が滞在した南端室の一〇畳主室床柱は楓の極太の皮むき丸太材、床框は黒檀、床板は欅、落掛けは紫檀をそれぞれ用いている。また主室と次の間境には透彫りの彫刻欄間で、主室との境には筬欄間で、中央に組子が取り入れてあり精緻である。

県北地区 県央地区 県東地区 県西地区 県南地区

正面全景

豊田家住宅《とよたけじゅうたく》

［所在］芳賀町下延生1892［建築年］昭和7年［設計］長野萬作・永野萬

芳賀町祖母井《うばがい》の南を走る県道一六五号線の南側に建つ大谷石積の住宅。木造二階建の寄棟造で桟瓦葺。耐火性に優れた大谷石を用いており、一階はルスティカ（粗面仕上）、二階は整層切石積。玄関ポーチの壁、窓廻りの周囲等に細やかな模様を彫り、丁寧な施工である。中央に玄関ポーチを張り出し、上部をバルコニーとし、玄関部分や矩形の窓廻りにも洋風装飾が用いられている。

屋根は当初、地元で使われていたセメント瓦葺であったが、今は三州瓦に葺替えている。内部は木造で、外壁側に大谷石に漆喰仕上げ、西側に床の間と違い棚を設えている。東日本大震災で二階上部が膨らみ、外周をワイヤーで補強している。

北と西側の屋敷林に囲まれ、芝生の庭に建つその姿はさながら洋館を思わせる佇まいである。戦前に建てられた農村部の個人住宅として、また和洋折衷の意匠に大谷石を活用した住宅として貴重な建造物といえる。

正面全景

茂木町立木幡小学校（昭和ふるさと館）

もてぎちょうりつきばたしょうがっこう（しょうわふるさとかん）

［所在］茂木町木幡２５２［建築年］昭和10年改築［設計・施工］櫻井重蔵

木幡小学校の創立は明治六（一八七三）年五月で、茂木町では最古の学校である。現存する校舎は昭和一〇（一九三五）年に改築された。木材は小学校のある旧逆川村の所有林が用いられたとされる。建物は木造平家建の切妻造で桟瓦葺、正面中央にマンサード型の切妻屋根を突き出して玄関部としている。出入り口上部の妻壁は木骨を意匠的にあしらったハーフティンバーである。中央部の洋風意匠が一段と強調されてモダンで印象に残るデザインであったことが想像できる。

平成一八（二〇〇六）年に閉校後、平成二一（二〇〇九）年「昭和ふるさと村」として校舎をリニューアル。昭和の生活、道具、遊び、昭和三〇年代の教室風景を再現した展示などといった「昭和体験」のほか、地域に残る食とものづくり、また農業体験プログラムが組まれた「ふるさと体験」など、また地域振興と町の活性化にも一役買っている。

正面全景

真岡尋常高等小学校講堂《もおかじんじょうこうとうしょうがっこうこうどう》（真岡市久保講堂《もおかしくぼこうどう》）

【登録文化財】［所在］真岡市田町1345-1（移築）［建築年］昭和13年［設計］遠藤新

真岡出身の美術評論家で、小・中学生の美術教育にも尽力した久保貞次郎（一九〇九～一九九六）が祖父の傘寿を祝して真岡町（当時）へ寄贈した講堂。当時の芳賀地区には千人規模の建造物がなかったため、さまざまな活動拠点として活用されてきた。昭和五〇年代に取り壊しが検討されたが、昭和六一（一九八六）年、市民の要望により現在地に移築・保存された。

木造二階建の切妻造で桟瓦葺、正面に一段低くバルコニーが水平に伸び、その両側に展望用の塔屋が建ち上がっている。昭和初期に導入された欧米の新しい近代建築様式（モダニズム）の影響を見られるのは、フランク・ロイド・ライトの弟子で帝国ホテルの完成に貢献した遠藤新が手がけたためである。

また音響効果にも優れ、比較的簡素な室内ながら講堂として極めて周到に計画されている。これは教育者としての久保の思いが込められているためとも言えよう。

正面全景

真岡中学校本館《もおかちゅうがっこうほんかん》（真岡高校記念館《もおかこうこうきねんかん》）

【登録文化財】［所在］真岡市白布ヶ丘24-1［建築年］明治36年

県立真岡高校の前身は、明治三三（一九〇〇）年四月に三番目の県立中学校として開校した。木造二階建の入母屋造で桟瓦葺の本館と校舎が完成したのは翌三四（一九〇一）年三月だったが、明治三五（一九〇二）年にこの地方を襲った大暴風で大半が倒壊、本館も二m近く傾いて使用不能となってしまった。再建工事が急ピッチで進められ、本館と校舎の一部が再び完成したのは明治三六（一九〇三）年一月であった。現存する本館はこの時のものである。現在は校史を物語る施設として整備・活用されている。

建物一階に事務室、校長室、職員室、会議室等が設けられ、二階は一室の広い講堂であった。板張りペンキ塗りの外壁と上げ下げ窓、太い丸柱を建てた玄関ポーチなどが明治の洋風建築らしい素朴さを表している。全体の構成は明治二六（一八九三）年建築の宇都宮高校旧本館（36ページ参照）に近似している。

県西地区

栃木の近代化遺産を歩く

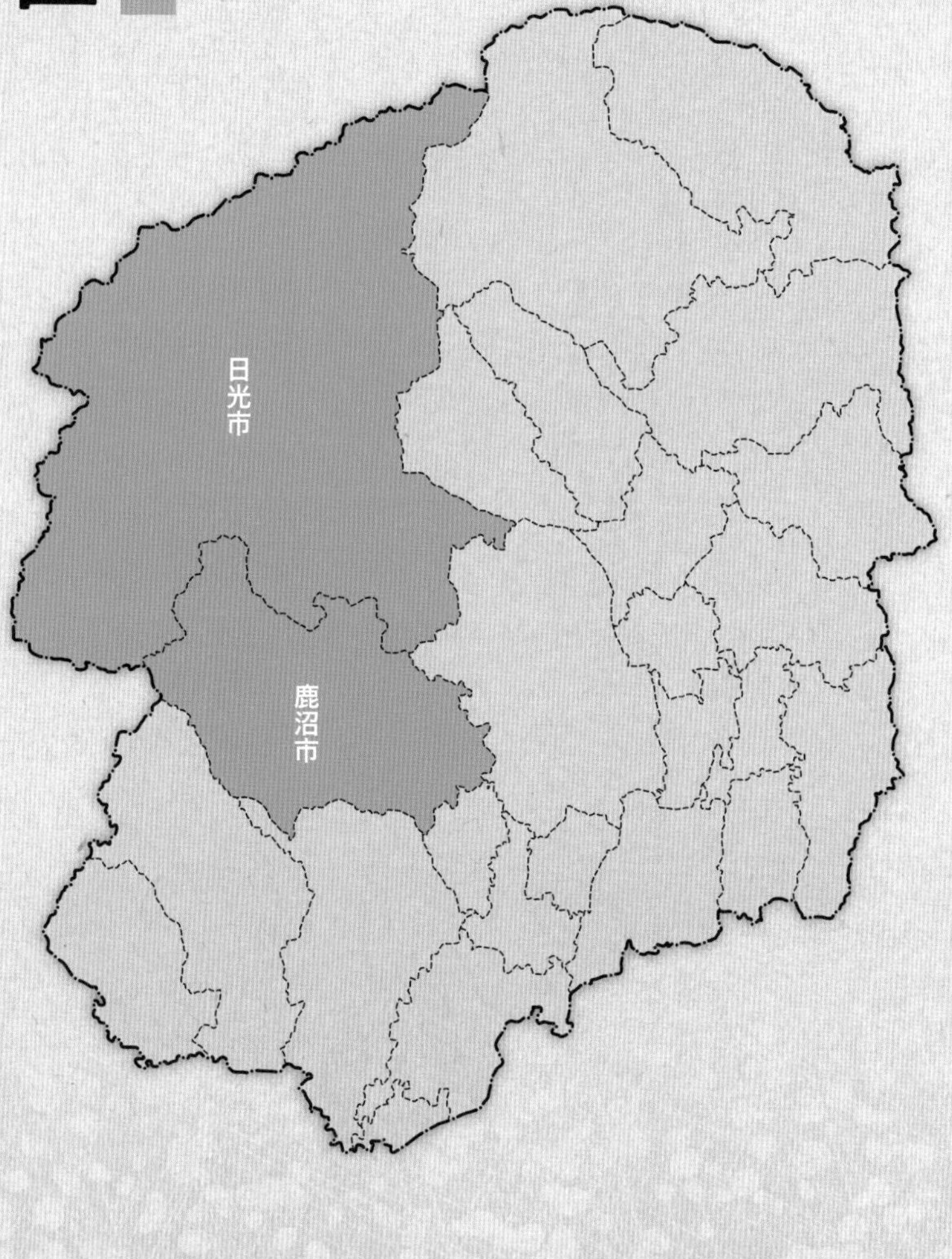

明治期以降、県西に位置する日光地区の近代建築の特徴は大きく三点に分けられる。(1)国際観光地・日光という側面、(2)皇室ゆかりの建造物、(3)鉱都・足尾である。

明治六（一八七三）年、東照宮楽師として奉職していた金谷善一郎が自宅を外国人向け宿泊施設として開業した「金谷カッテージイン」にはじまり、以降、神橋近くに開業した金谷ホテル本館、米国人貿易商で日本蓄音機商会（日本コロムビアの前身）を創業したF・W・ホーンの別邸、日光物産商会、日光真光教会、JR日光線日光駅舎、大名ホテル、イタリア大使館別荘と国際観光地の歴史と風情を今に伝えている。

国際観光地とはつまり、避暑地でもあった。日光には避暑のための皇室の御用邸が二カ所（田母澤・日光）残されており、とりわけ田母澤御用邸は大正天皇がこよなく愛した場所として記憶されている。

そして、現在は日光市の一部を構成している足尾地区は、明治期以降急速に進む近代化を語る上で忘れられない場所である。中でも足尾銅山最盛期に華族や政府高官たちの迎賓館としても利用された古河掛水倶楽部や古河鉱業会社の社宅群などは当時の足尾を知る貴重な建造物である。

また、聖地・日光の影響下にあった古峰神社は江戸から昭和戦後期にかけて、「古峰講」を組織し参拝する人たちに大いに賑わった。また日光の南の玄関口として栄えた鹿沼には、当時の産業や文化の隆盛を知る建造物が残されている。

県西地区

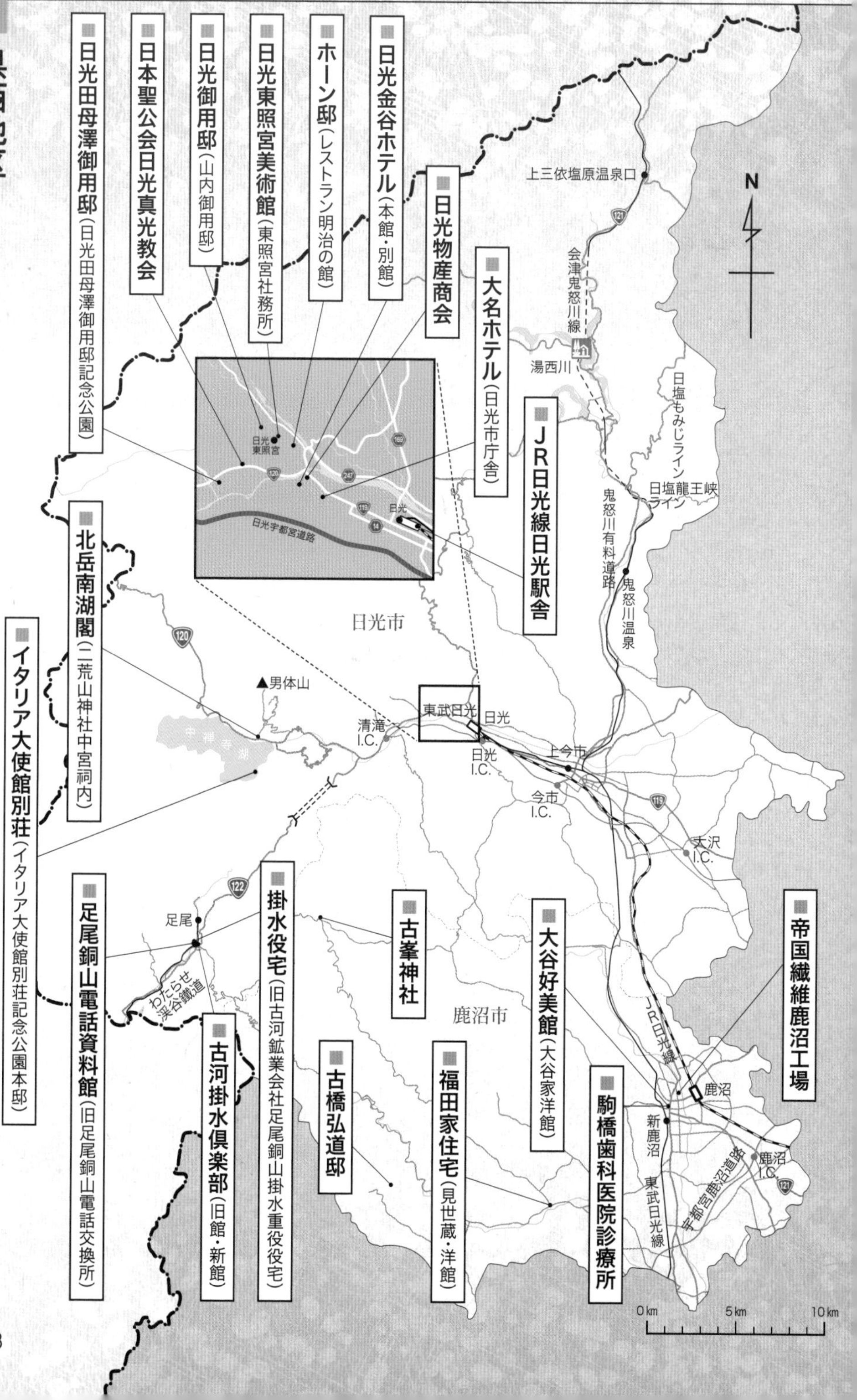

日光田母澤御用邸（日光田母澤御用邸記念公園）
日本聖公会日光真光教会
日光御用邸（山内御用邸）
日光東照宮美術館（東照宮社務所）
ホーン邸（レストラン明治の館）
日光金谷ホテル（本館・別館）
日光物産商会
大名ホテル（日光市庁舎）
JR日光線日光駅舎
北岳南湖閣（二荒山神社中宮祠内）
イタリア大使館別荘（イタリア大使館別荘記念公園本邸）
足尾銅山電話資料館（旧足尾銅山電話交換所）
古河掛水倶楽部（旧館・新館）
掛水役宅（旧古河鉱業会社足尾銅山掛水重役役宅）
古峯神社
古橋弘道邸
福田家住宅（見世蔵・洋館）
大谷好美館（大谷家洋館）
駒橋歯科医院診療所
帝国繊維鹿沼工場
N
上三依塩原温泉口
会津鬼怒川線
湯西川
日塩もみじライン
日塩龍王峡ライン
鬼怒川有料道路
鬼怒川温泉
日光
東照宮
日光宇都宮道路
日光市
男体山
中禅寺湖
清滝 I.C.
東武日光
日光 I.C.
上今市
今市 I.C.
大沢 I.C.
足尾
わたらせ渓谷鐵道
鹿沼市
JR日光線
鹿沼
新鹿沼
東武日光線
宇都宮鹿沼道路
鹿沼 I.C.
0 km
5 km
10 km

日光金谷ホテル《にっこうかなやほてる》（本館・別館）《（ほんかん・べっかん）》

本館正面全景

金谷ホテルの歴史は、明治六年に東照宮の楽師だった金谷善一郎（一八五二～一九二三）がアメリカ人医師でヘボン式ローマ字の考案者でもあるヘボン博士の勧めで、日光四軒町（現在の本町）の自宅に外国人向けの宿泊施設「金谷カッテージイン」を開業したことから始まる。

善一郎は明治二六（一八九三）年に三角《みかど》ホテルを購入して工事を進め、四月に「日光金谷ホテル」（本館）を開業した。明治三五（一九〇二）年には本館に電話が開通し、さらに明治三七（一九〇四）年には大食堂と客室一二室の新館が完成するなどホテルの整備が進められた。昭和

正面入口通路には大谷石造の独立柱が立っている

【登録文化財】［所在］日光市上鉢石町1300【本館】［建築年］明治26年［設計］自家［施工］金谷善一郎）【新館】［建築年］明治34年【別館】［建築年］昭和10年［設計］久米権九郎【観覧亭（竜宮）】［建築年］大正10年【展望閣】［建築年］大正10年

別館正面全景

一〇（一九三五）年には本館一階部分を掘り下げて増築し、一階部分にフロント・ロビーが設けられ、二階は大食堂と客室となった。同時に大谷川岸には別館も完成し、日光における老舗ホテルとしての地位を確立した。

別館は昭和七（一九三二）年、山口正造（善一郎の次男で当時箱根の富士屋ホテル社長）が構想し、一〇（一九三五）年五月に竣工した。延べ面積は約一〇三〇㎡で、当時の金額で一三万三〇〇〇円の工費を要した。建物は木造三階建の入母屋造。南側に千鳥破風を付けて和風を強調し、正面玄関は唐破風屋根とした。簡素な車寄せを設け、その柱に尾長鶏を彫って、木鼻の役割も担わせた珍しい構成である。正面の壁には一対の獅子と鳳凰が彫り込まれ、重厚な趣を見せている。内部は質素な造りであるが、昭和天皇が宿泊した客室には特大の窓が設えられ、日光の雄大な山並みと美しい自然がピクチャーウインドウに見事に現出する。

別館玄関部分は唐破風の屋根

正面全景

北岳南湖閣《ほくがくなんこかく》（二荒山神社中宮祠内《ふたらさんじんじゃちゅうぐうし》）

［所在］日光市中宮祠　［建築年］文久2年

二荒山神社中宮祠社務所の敷地内にあり、文久二（一八六二）年に建築された。北岳南湖閣（古文書では「北嶽南湖閣」）の名は、かつてここを訪れた三条実美（一八三七～一八九一）による命名と伝えられる。また、現在の北岳南湖閣は資料などから、改築前の社務所二階建て部分を移築保存したものであることが判明している。

木造二階建寄棟造の銅板葺（当時は瓦葺）で、東・南面は横桟のみでガラスをとめた引き違いの建具を嵌め込み、軽快でモダンな雰囲気を漂わせる。一階と二階に欄干を巡らし、建物に深みを添える。皇太子時代の大正天皇が幾度となく使われた御座所は一・五間の床の間と右手に一間の床脇があり、壁のほとんどが和紙張りで、床柱、長押、格天井の格縁や格板も素木のままで、質素さと厳格さが滲み出ている。隣室との境は襖と筬欄《おさらん》間《ま》で仕切られ、入側《いりかわ》（縁側と座敷の間の通路）には、竹の節欄間が用いられている。

正面式台部分は唐破風の車寄せが設けられている

日光御用邸《にっこうごようてい》（山内御用邸《さんないごようてい》）

［所在］日光市山内

旧田母澤御用邸復元のモデルであり、日光における和風建築の原点でもある。現在、日光山輪王寺本坊寺務所として利用され、一部は東照宮美術館の朝陽閣に引き継がれている。

寺務所があるところは、元日光山第五代座主によって開かれた僧坊・座禅院の寺地で、鎌倉末期から慶長一八（一六一三）年の廃寺まで続いた。明治一九（一八八六）年五月に東照宮の旧御別所（社務所）と大楽院を座禅院跡地である御殿地（三代将軍徳川家光が建てた御成御殿跡）に移し、明治二三（一八九〇）年に改築された「朝陽館」として貴賓の迎接にあてた。

建物は木造平家建（一部二階建）で延べ面積が一三〇〇㎡。寄棟造の銅板瓦棒葺で、正面の式台部分は唐破風の車寄せを設け、江戸期の名残をとどめている。式台の間は正面に床を置き、壁と天井は和紙張りで清楚な仕上がりを見せる。その奥に謁見の間と一段高い玉座の二室がある。玉座の西側に御学問所、南側には二間続きの南の間がある。壁は真壁造で布張り仕上げ、天井は吹寄せとした二本の軽快な格縁を格子状に組んでいる。

東宮御所に増築した唐破風の車寄せ

日光田母澤御用邸《にっこうたもざわごようてい》（日光田母澤御用邸記念公園《にっこうたもざわごようていきねんこうえん》）

【重要文化財】［所在］日光市本町8-27［建築年］明治32年他［設計］宮内省内匠寮［工事監理］木子清敬・安藤永次郎 他

皇太子嘉仁《よしひと》親王（後の大正天皇）の静養の地として造営され、皇族方の静養や避暑にも利用されていた。現在は記念公園として一般公開されている。

日光田母澤御用邸の特徴は、江戸・明治・大正の三代にわたる木造和風集合建築群にある。明治三二（一八九九）年、地元出身の実業家・小林年保《ねんぽ》別邸の一部と、当時東宮御所が置かれていた赤坂仮皇居から紀州徳川家江戸中屋敷（江戸末期建造）を移築した主要部と新築建造物で構成されている。

御座所と二階（御寝室）の室

御座所と表御食堂に囲まれた中坪

御座所と御学問所（旧紀州徳川家江戸中屋敷を移築）。2階に御寝室と剣璽の間、3階は御展望室

内意匠は江戸期の座敷飾りをそのまま活かしつつ、畳の上に絨毯を敷き、天井を全面和紙張りに改修し、さらに黒漆塗りの押縁を巡らせ、建具をガラス障子に交換している。こうした書院造りに洋風要素を取り入れた意匠形式は、明治期の宮殿建築のデザイン形成の第一段階を示した、歴史的にも重要な意味をもっている。また、大正七（一九一八）年から一〇（一九二一）年にかけての大増築には謁見所、御食堂、御玉突所、皇族休所などが造営され、本邸の総床面積は約一三六〇坪となり、最大級の規模と格式を誇ることとなった。

　昭和二二（一九四七）年、田母澤御用邸は廃止された後、国から払い下げを受けた栃木県が保存修復工事を行い、平成一二（二〇〇〇）年夏に完成した。大正九年時の御用邸の復原を前提とし、近代和風建築の頂点であった御用邸建築の特徴を明らかにしている。

謁見の間（外観）

2階
御学問所
2階
御日拝所
劔璽の間
御寝室
皇后御座所
皇后御寝室
御湯殿
坪
中坪
中坪
中坪
中坪
中坪
N
0
10m

- 紀州徳川家江戸中屋敷として新築
- 赤坂仮皇居に増築
- 御花御殿（東宮御所）に増築
- 旧小林家別邸として新築
- 田母沢御用邸として新築（明治 32 年）
- 小規模増築（明治 33 年～大正 6 年）
- 大規模増築（大正 7～9 年）および小規模増築（大正 10 年）

3 階

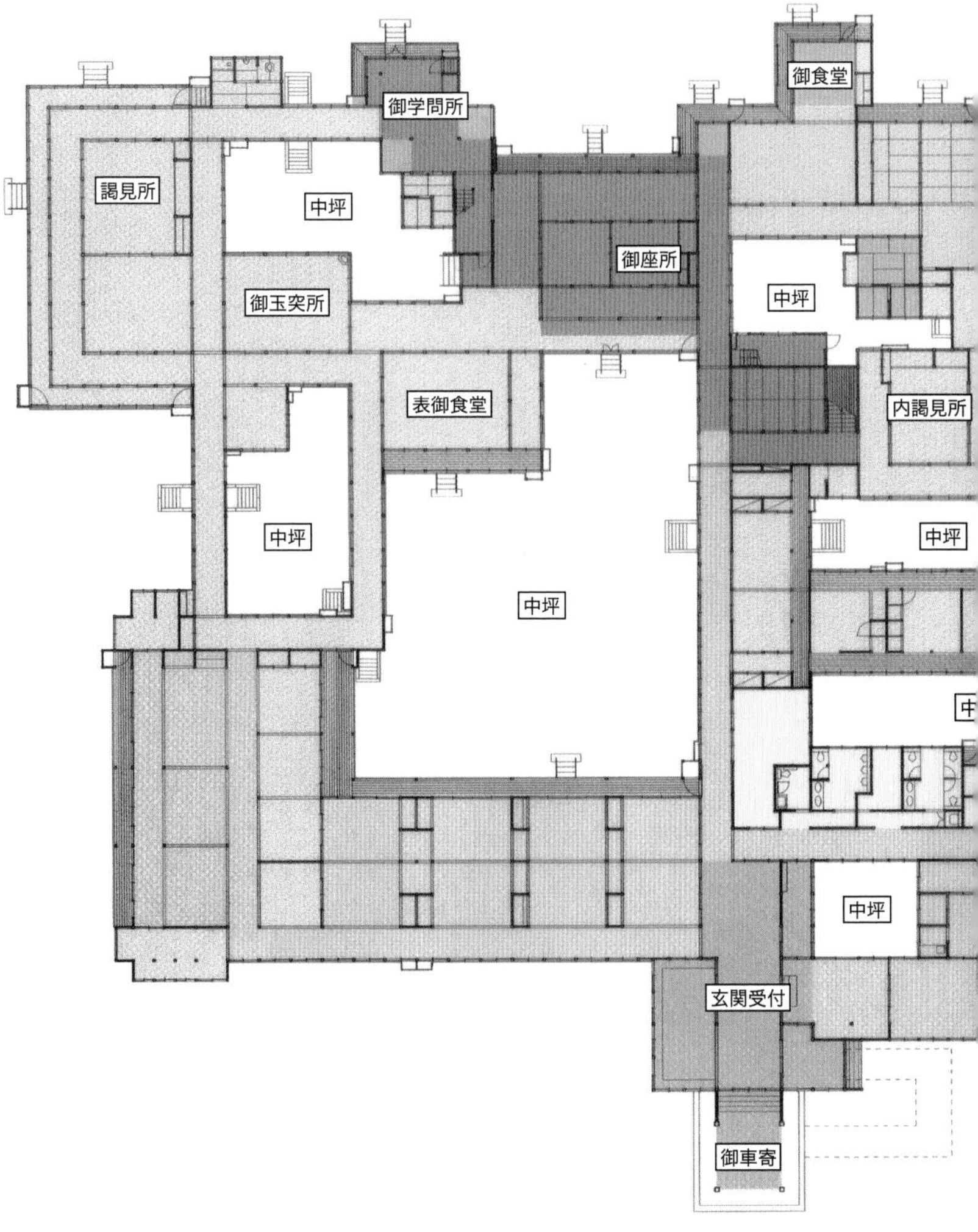

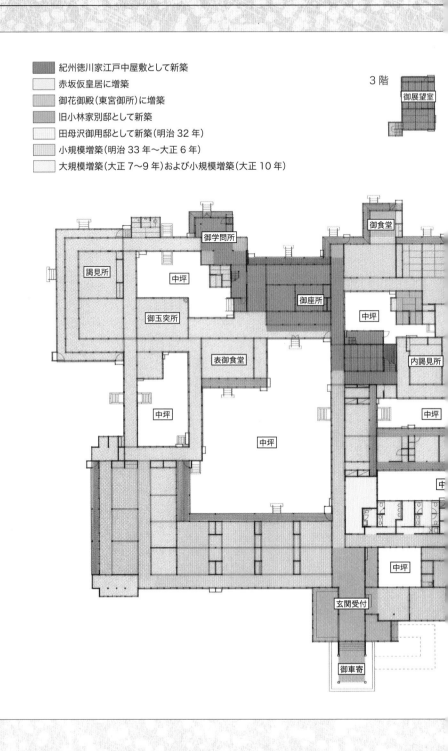

ホーン邸《ほーんてい》（レストラン明治の館《れすとらんめいじのやかた》）

【登録文化財】［所在］日光市山内115［建築年］明治末期［石積工事］相ヶ瀬森次

正面全景

F・W・ホーンは明治三〇（一八九七）年頃に来日し、日本コロムビアの前身である日本蓄音器商会を設立し、日本初の蓄音機やレコード製造・販売を手がけた米国人貿易商である。日光を訪れてその環境に魅了され、東照宮の近くに別荘地を求め、明治末期に建築した。設計者は不明であるが、相ヶ瀬森次ほかが施工を担当した。

相ヶ瀬らは近くを流れる稲荷川から採取した安山岩を精緻に積んだ重厚な外壁に軽快な屋根を載せて、素朴ではあるが気品にあふれた外観をつくりだしている。ホーンの帰国後、別荘は諸戸清六（三重県出身の実業家）に引き継がれた。昭和五二（一九七七）年、内部を改装し「レストラン明治の館」としてオープンした。

建物一階は開放されたベランダの中央に出入り口を設け、ホールを挟んで右側を食堂、左側を応接室を配置している。二階には寝室が三室、付属室として使用人のための和室が設けられていた。二階と三階のすべての寝室に浴室とトイレが付き、多人数の避暑客の受け入れが用意されていたものと考えられる。

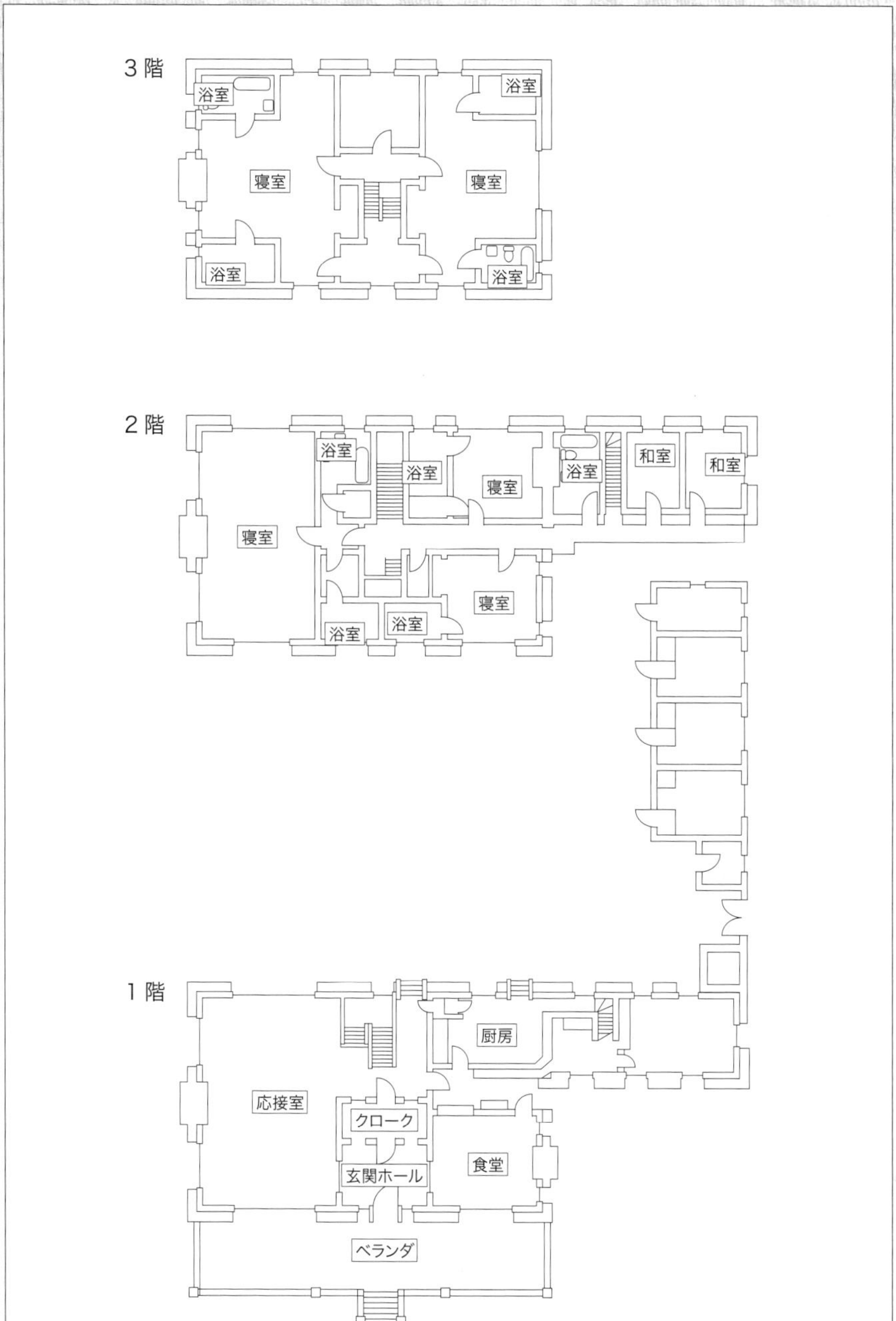
3階
浴室
浴室
寝室
寝室
浴室
浴室
2階
浴室
浴室
寝室
浴室
和室
和室
寝室
寝室
浴室
浴室
1階
厨房
応接室
クローク
食堂
玄関ホール
ベランダ

ホーン邸の平面図

正面全景

大名《だいみょう》ホテル《ほてる》（日光市庁舎《にっこうしちょうしゃ》）

【登録文化財】［所在］日光市中鉢石町999［建築年］明治末期〜大正初期

旧日光市庁舎は小林庄一郎（一八五一〜一九二九）が外国人の興味を引く城郭風の外観を特徴に「大名ホテル」をめざして完成したが、第一次世界大戦による外国人観光客の激減により開業には至らなかった。当時、小林は外国人を相手に古美術品を扱う骨董店を営み、豊富な財力と人脈を背景に、県議会議員を務め、日光町初の衆議院議員となった。

なお、このホテルは竣工年には諸説があるが、明治三八（一九〇五）年に着工し、大正初期には完成した。その後、昭和一八（一九四三）年に古河電気工業（株）に売却され、徴用工アパートとなって終戦を迎え、戦後の一時期、進駐軍の社交場として使用された。昭和二三（一九四八）年には古河電工から日光町に寄付され、建物は上鉢石から現在地に移っている。

建物は本館と付属棟の二棟で構成され、木造三階建で延べ面積二五〇〇㎡を有している。

入母屋造で三階の屋根に千鳥破風を載せ、城郭の天守閣を思

破風を正面に向けた２階部分（左）と中央３階部分の千鳥破風（右）。
いずれにも、波の上に龍の彫り物を掲げられている。

わせる外観となっている。この屋根には、かつて金の鯱鉾《しゃちほこ》が載っていた。また本館の地盤を高くして、付属棟の傾斜路に面して八ｍの高い石組みが積まれ、一層優美で豪壮な城郭を彷彿させる。入母屋造の妻面には彫りの深い縦格子を刻み、懸魚の位置に波の上に龍の彫り物を掲げている。本館の外壁は正面を漆喰に見立てて白壁とし、枠と建具を精巧に加工した縦長の洋風の上げ下げ窓を穿っている。背面は下見板を鎧張りとしペンキで仕上げている。間仕切りはほとんどが洋風で入り口枠と幅木部分を一体化した本格的な造りを見せ、階段も洋風であるが、側板と手摺りの笠木、手摺子には彫刻が施され金粉で仕上げてある。

昭和二九（一九五四）年から日光市庁舎として活用されたが、財界とちぎ二〇〇四号では「木造最古の市庁舎」として紹介されている。

付属棟

正面全景（左側：貴賓室）

ＪＲ日光線日光駅舎《じぇいあーるにっこうせんにっこうえきしゃ》

［所在］日光市相生町１１５［建築年］大正元年 ［設計］ 鉄道院技手・明石虎雄 ［施工］ 棟梁・小林朝吉 大宮組・高山譽三郎

日光鉄道（現在のJR日光線）は日本鉄道会社の支線として建設され、明治二三（一八九〇）年六月に宇都宮から今市が、同年八月には日光までが開通した。旅客のほか、木材や銅、大麻などの物資輸送が目的だった。開通式は日光駅で挙行され、皇族からは小松宮彰仁親王が臨席した。

現在の日光駅舎は大正元（一九一二）年に竣工され、木造二階建で屋根はスレート葺、シンメトリーの正面中央に一段高くペデュメントを立ち上げる。あたかもネオ・ルネサンス風の匂いがする。設計したのは鉄道院技師の明石虎雄。庇の持ち送りや窓廻りの簡素化されたデザインなどに西洋建築の手法が滲み出て、バランスの良い作品といえる。大正一一（一九二二）年二月に英国皇太子が来日した折に改修された貴賓室があり、気品にあふれた暖炉や天井飾りも見事である。なお、貴賓室は列車のホームから直接入れるようになっている。

正面全景

日光物産商会《にっこうぶっさんしょうかい》

【登録文化財】［所在］日光市上鉢石町1024［建築年］明治39年

日光における商業建築のはしりといわれ、当初は大島骨董店として明治三八（一九〇五）年に着工（翌年竣工）するも資金不足に陥り、金谷正生《まさなり》（善一郎長女多満の夫で鬼怒川温泉ホテルを経営）が引き継いだ。完成後、金谷ホテルの経営で日光彫や漆器などの製造・販売・輸出を手がけていたが、昭和三（一九二八）年に日光物産商会として独立。戦後、占領軍に接収され、大空間があることからダンスホール等の社交場となったが、現在は土産物販売と日光の雰囲気を満喫できる喫茶・レストランを営業している。

建物は木造二階建の入母屋造で金属板瓦棒葺。一階は独立柱の上にひと組の肘木を載せ和風の趣を醸しだし、二階には菊、牡丹、薔薇をモチーフとした三連の間と水仙の間がある。奥の菊の間は四〇畳で幅三間の床の間を備え両端に巨大な銘木を建てる。牡丹と薔薇の間は建具が外され、床は板張りで天井も高く洋風の趣があるが、長押の間に描かれた牡丹や蟻壁が一尺間隔に配され、柱と長押の角に付けられた牡丹や薔薇の彫刻は和風である。

正面全景

日本聖公会日光真光教会《にっぽんせいこうかいにっこうしんこうきょうかい》

【県指定文化財】［所在］日光市本町1-6［建築年］大正3年8月［設計］J・M・ガーディナー

大谷川から採取された暗赤色の安山岩を外壁に用いた、こぶ出し仕上げによる石の表面がより荘重感を与えている石の教会。宇都宮聖ヨハネ教会（50ページ参照）と同じく英国国教会系の日本聖公会に属し、明治八（一八七五）年にこの地で礼拝がおこなわれたのがはじまりとされる。

設計は米国人建築家で教育者のJ・M・ガーディナー（一八五七～一九二五）で、晩年期の代表作として知られ、また立教大学校（現在の立教大学）設立にもかかわり初代校長も務めた。

十字形の平面に鐘楼を持ったありふれたゴシック調の建造物ではあるが、入り口部分を張り出し鐘楼は低く抑え、ゴシック風の窓とガラリを穿っている。シャープな屋根の急勾配がひときわ印象的に映る。シザーズ風のトラスを組み清楚に仕上げてある。また、室内には鹿沼の深岩石を用いている。日光をこよなく愛した彼の遺骨は、日光で出会った夫人とともに聖書台の下に納められている。

所長宅（20号）正面玄関（中央）と洋風応接室外観（左側）

掛水役宅《かけみずやくたく》（旧古河鉱業会社足尾銅山掛水重役役宅）《きゅうふるかわこうぎょうがいしゃあしおどうざんかけみずじゅうやくやくたく》

【県指定文化財】［所在］日光市足尾町（旧足尾町）掛水［建築年］明治40年・大正3年［設計］古河鉱業

明治四〇（一九〇七）年に発生した足尾暴動事件後に移転してきた足尾鉱業所の重役を含む社宅群。現存する六棟のうち、所長、副所長、課長役宅の五棟が明治四〇（一九〇七）年建造、課長役宅の一棟が大正三（一九一四）年建造である。

所長役宅は木造平屋の寄棟造（一部切妻造）で屋根は桟瓦葺、洋風小屋組を用いている。外壁は下見板張りである。玄関は接客用と居住用に分かれ、洋風の応接室と広縁をもつ二室の座敷がある。副所長役宅は木造平屋の切妻造（一部寄棟造）で屋根は桟瓦葺、洋風小屋組を用いている。外壁は下見板張りで、所長役宅に比べて小規模だが全体的に所長役宅を踏襲している。

課長役宅は木造平屋の切妻造で屋根は桟瓦葺だったが鉄板葺に替えられている。外壁は下見板張りで、平面は中廊下によって居室部分と付属部分を、さらに接客用の座敷と居住用の座敷とを明確に区分している。

旧館（左側）と新館（右側）全景

古河掛水倶楽部《ふるかわかけみずくらぶ》（旧館《きゅうかん》・新館《しんかん》）

【登録文化財】［所在］日光市（旧足尾町）掛水２２８１【旧館】［建築年］明治32年【新館】［建築年］大正元年（大正期に2階建に改築）

足尾鉱業所事務所を訪れる人たちの宿泊や所員の遊興施設として利用され、足尾銅山最盛期には華族や政府高官たちの迎賓館としても利用された。明治四〇年の足尾暴動事件で事務所を掛水地区に移したのを機に増改築が行われた。

和洋折衷の外観である旧館は、寄棟造の屋根と玄関などに創建当時の面影が残っている。内部は純和風の座敷（旧大広間）が中心だが、一部本館建設時に改装されたと思われる洋風の寝室があり、洋風意匠の仕上がりである。

新館と同じ大正元年建築の球戯室

新館２階東側の客座敷

新館１階の食堂

一方洋館の佇まいを見せる新館は、一階の床面積が四八六㎡で二階が二〇四㎡、棟の高さは一二mで迎賓館としての風格を持っている。外壁は一階をイギリス下見張り、二階は木骨構造を強調した白漆喰塗で仕上げてある。一階は玄関、広い食堂と料理室、配膳室と鈎の手にビリヤード室等がある。二階は客間と寝室が三室ある。

新館２階西側の洋風寝室

国産で最も古いビリヤード台がある球戯室

旧館と新館をむすぶ八角堂

正面

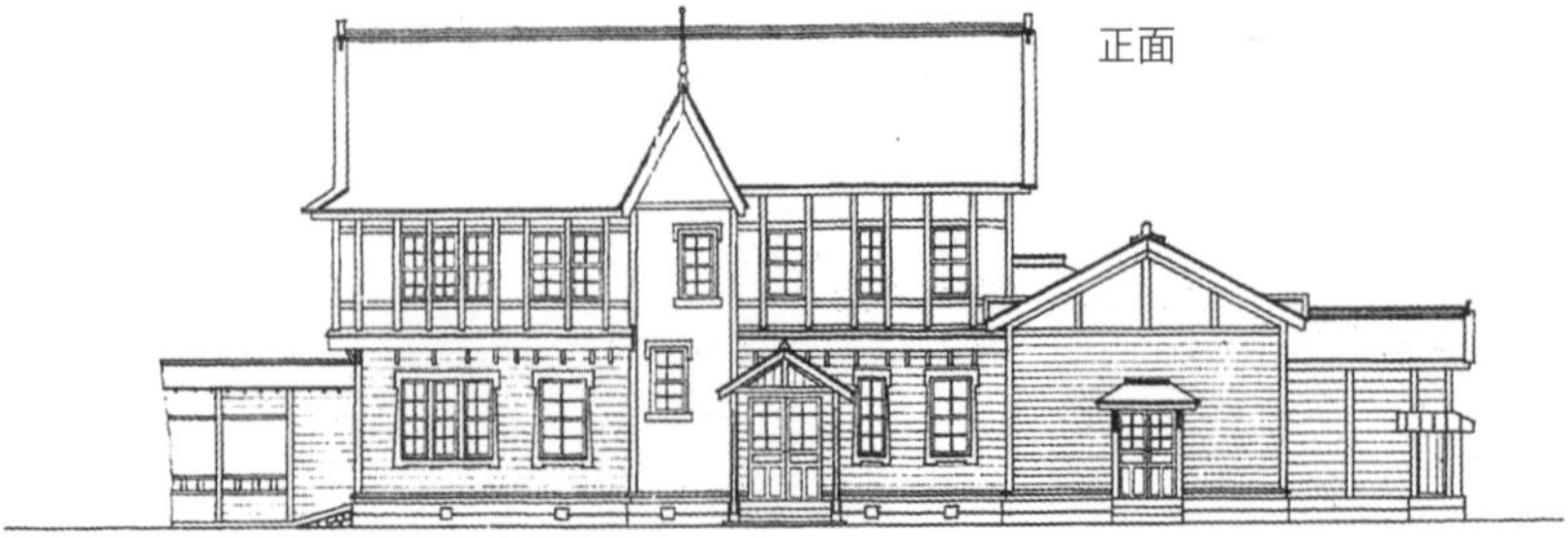

1階

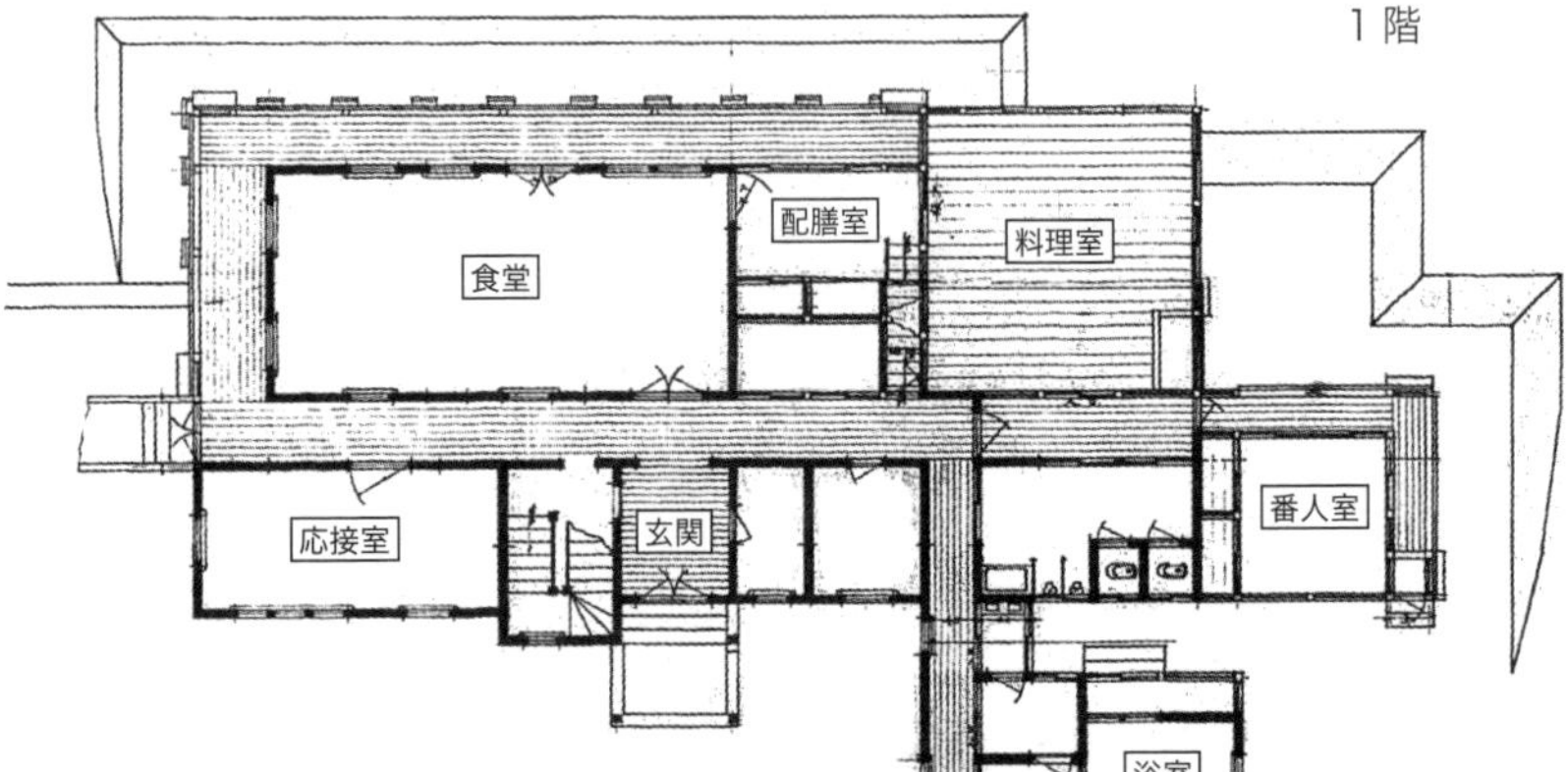
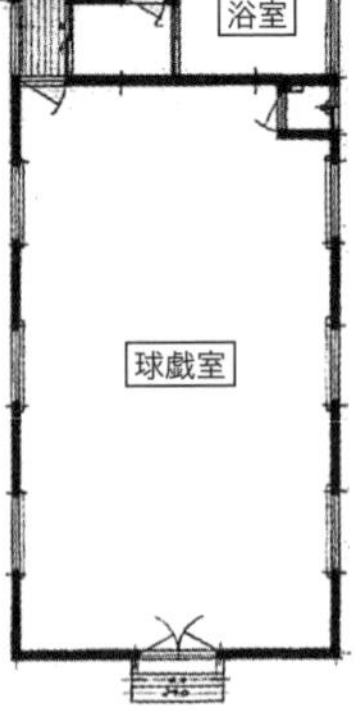
配膳室
料理室
食堂
応接室
玄関
番人室
浴室
球戯室

2階

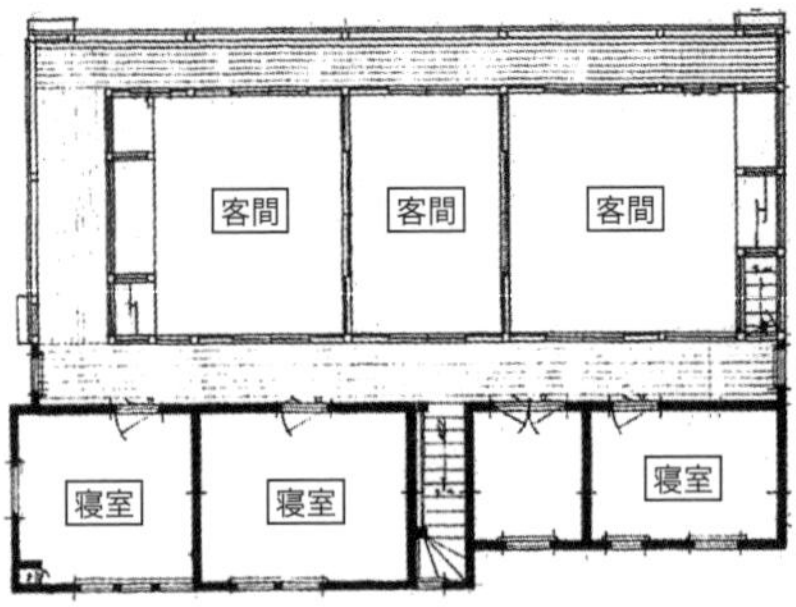
客間
客間
客間
寝室
寝室
寝室

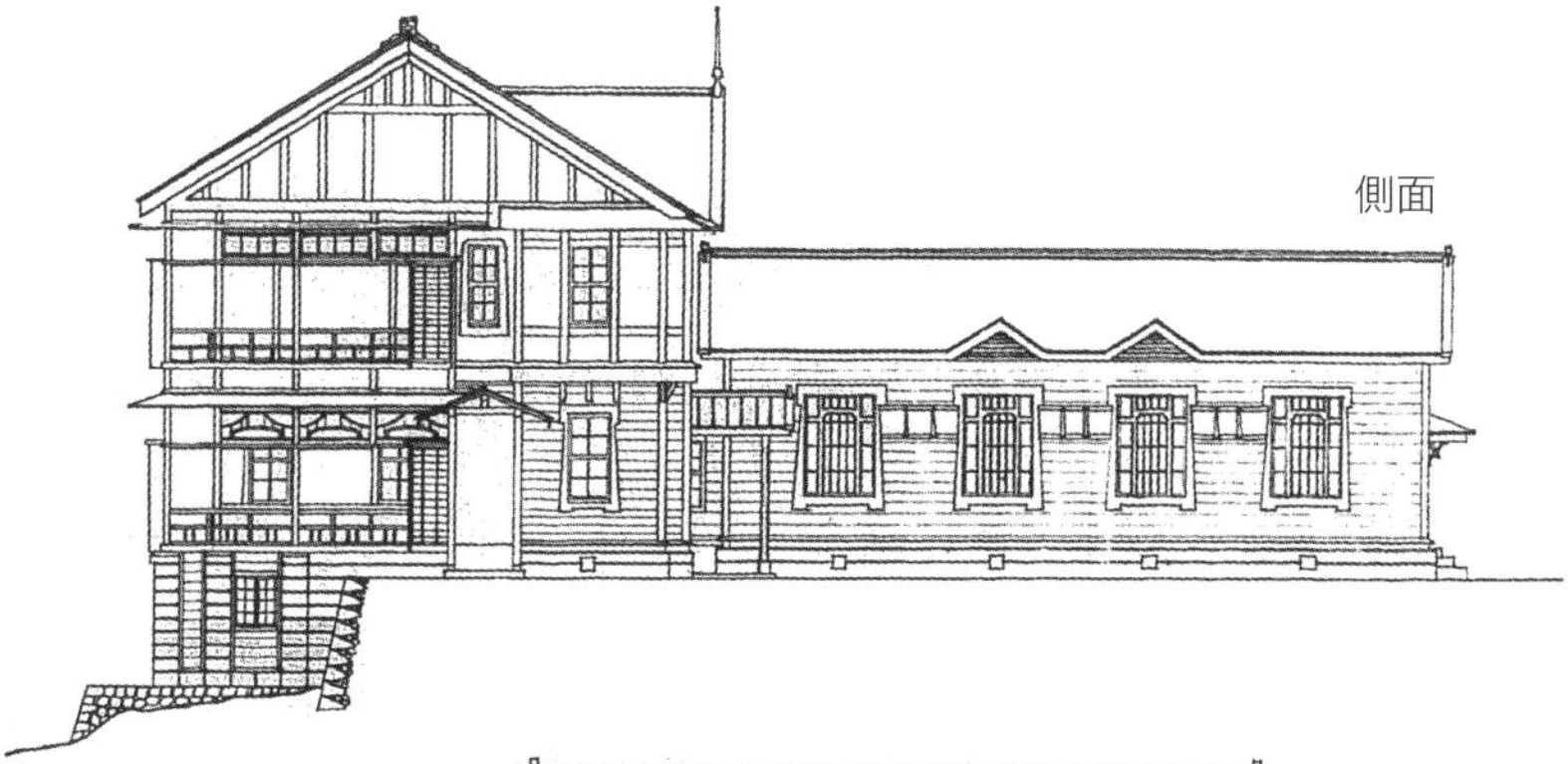

側面

背面

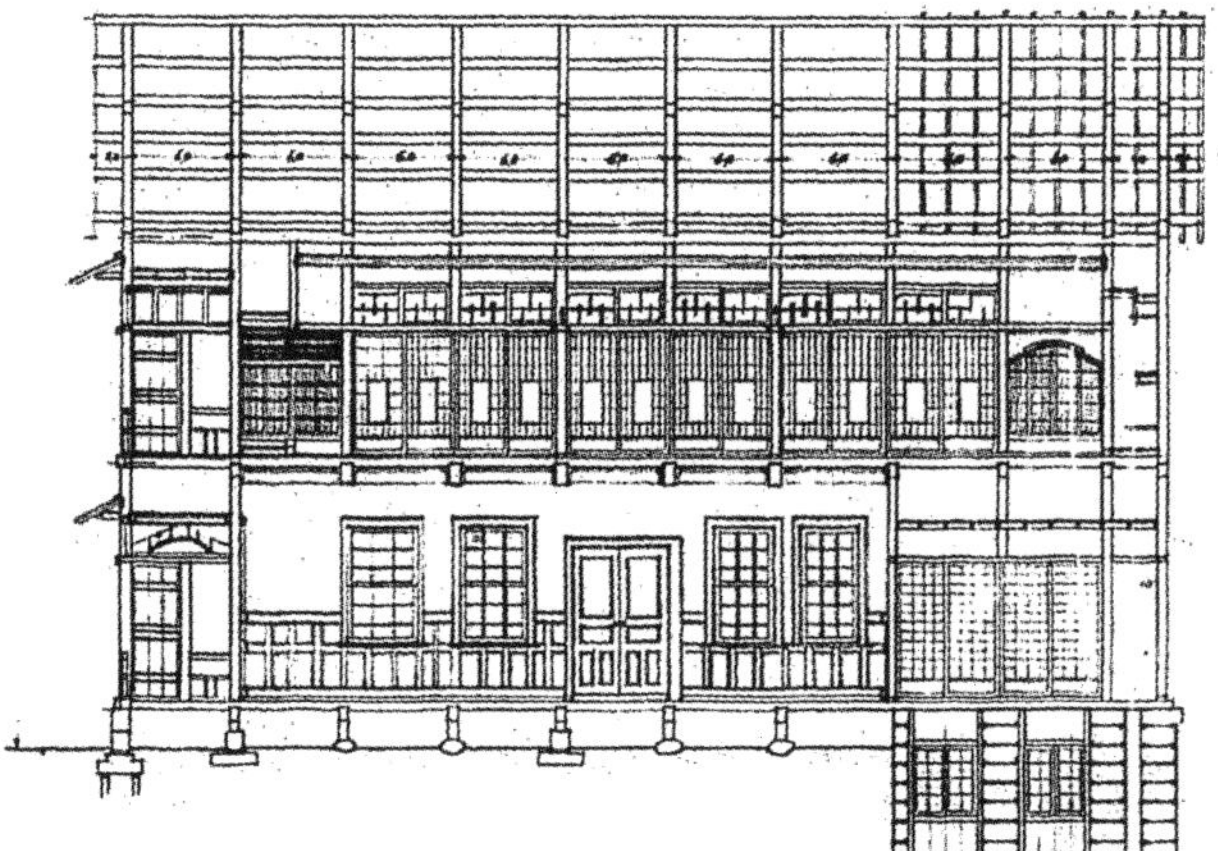

断面

イタリア大使館別荘《いたりあたいしかんべっそう》（イタリア大使館別荘記念公園本邸《いたりあたいしかんべっそうきねんこうえんほんてい》）

【登録文化財】［所在］日光市中宮祠2482［建築年］昭和3年［設計］アントニン・レーモンド

明治一八（一八八五）年、上野—宇都宮間に鉄道が開通すると、日光は外国人避暑客や旅行者で賑わいを見せた。その結果、鉄道による観光地の混雑と俗化を厭がった外交官たちは日光に設けた別荘を引き払い、より閑静な奥日光中禅寺湖畔に移り住んだ。それはさながら、国際避暑地の名に相応しい光景だった。中でもイタリア大使館別荘（本邸・副邸）は、その独特の意匠と日本の伝統的な技と工夫がふんだんに盛り込まれた建造物として、中禅寺湖畔の自然環境と調和している。

この建造物を設計したのは、オーストラリア領ボヘミア地方（現在のチェコ）生まれのアントニン・レーモンド（一八八八〜一九七六）。大正八（一九一九）年、師フランク・ロイド・ライトとともに帝国ホテル建築のため来日し、イタリア大使館別荘建造当時は「レーモンド建築事務所」を率いて設計活動を行う一方で、チェコスロバキア共和国名誉領事の職も兼務していた。

外壁の杉皮板張りと木枠のガラス窓が周囲と調和している

正面全景

本邸は木造二階建の亜鉛鉄板瓦棒葺（創建当時は柿板葺《こけら》）で、外壁に杉皮板を市松文様で張り、静かな湖を一望できるガラス格子の建具が占めている。レーモンドにとって初めての引き違いガラス戸と雨戸による全面開口のプランだったが難なく実現を図った。内装も基本的に杉皮板張り、割竹張りで押さえる工法であるが、天井に亀甲形を取り入れるなど工夫を凝らしている。また平面プランは、一階の玄関ホールを入ると正面中央に居間、右手に書斎、左手に食堂、その隣にはテラス付きの客用の寝室がある。二階は湖に面して四つの寝室と家事室等がある。

別荘は平成九（一九九七）年、栃木県に譲渡されたのち復原工事が行われ、平成一二（二〇〇〇）年七月に竣工。平成一三（二〇〇一）年から本邸をイタリア大使館別荘記念公園、副邸は国際避暑地歴史館として一般公開されている。

杉皮板を割竹張りで押さえた軒天井仕上

空から見た古橋弘道邸

古橋弘道邸《ふるはしひろみちてい》

［所在］鹿沼市上永野1256［建築年］大正元年9月起工・大正4年9月竣工［総監察］森小平［根切職］森澤亀三郎［土工］星野勇次郎［石工］小林倉吉［木挽職］海老原徳三郎［大工］村井末蔵・岸喜太郎［瓦職］石澤六造［左官職］山本澤蔵［建具職］荒井幸吉・岡本亀吉［鉄葉職］石川銀次郎［畳職］金子平次［経師職］高久清太郎［竹細工職］石川照章［植木職］福島善造［ドローン撮影］高舘一幸

古橋家が当地に来たのは、歴史は深く四〇〇年前だったと伝わる。（徳川家康によって江戸幕府が開かれたのは一六〇三年である）。旧唐沢城の出城だった古橋城に入ったのが、古橋家の先祖だったと伝わる。その後、武士から帰農し、林業・農業・養蚕業を生業として生活してきた。

現在の建築は大正元（一九一二）年から四（一九一五）年にかけて建てたもの。広大な敷地に、山に沿って小川が流れ、屋敷内に壕を引く、鬱蒼として歴史を重ねた樹木を擁し、西と南に門を構え、板塀で敷地を囲む。

敷地内外の全貌をとらえるためドローンによる撮影を行った。結果として、主屋は平家建、寄棟造桟瓦葺、木製建具に板張りとし、附属屋として木造2階建桟瓦葺の養蚕所棟が主屋の斜め前ある。長屋門は南側で黒塀が建ち、長屋門の東側は石蔵が鈎の手に三つ並んで建っている。石蔵の北は東の門で、その北側

桟瓦葺の長屋門

三棟並ぶ石蔵

はあづまやとなっている。主屋の裏手は赤い屋根が二棟見える。その奥手にも建物が見える。さながら中世の居城を思わせる。

敷地面積一五〇〇〇坪、周囲には畑が広がっている。

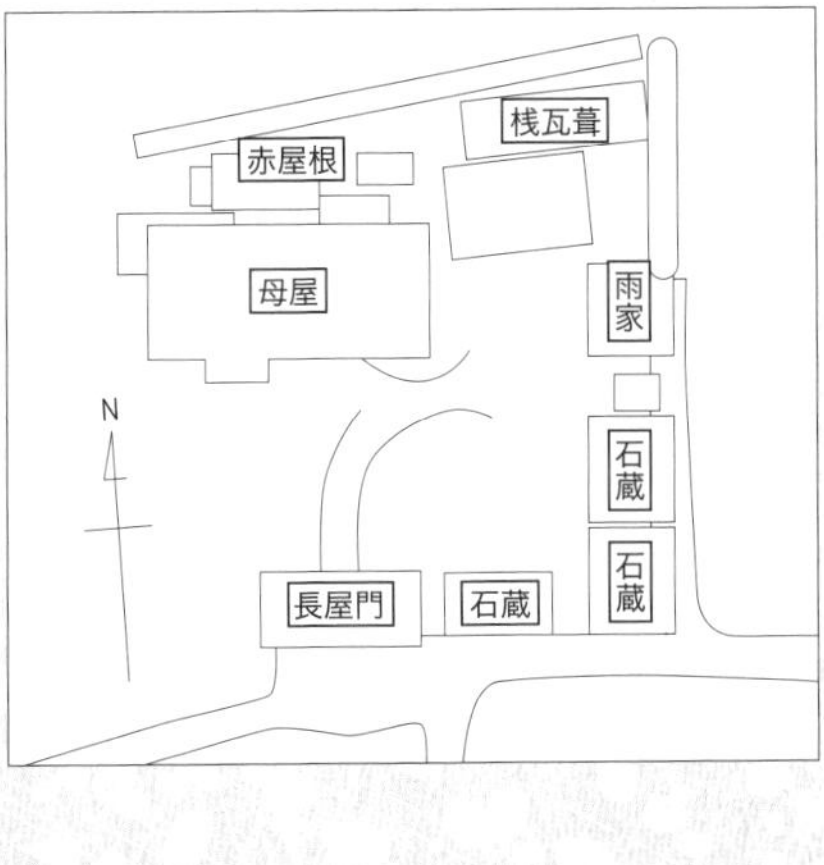

正面全景

足尾銅山電話資料館（旧足尾銅山電話交換所）《あしおどうざんでんわしりょうかん（きゅうあしおどうざんでんわこうかんじょ）》

【登録文化財】［所在］日光市足尾町（旧足尾町）掛水［建築年］大正年間（1912～1925）頃

古河掛水倶楽部の正門左手にあり、現在は電話資料館として一般公開している。足尾銅山のものでは現存する唯一の電話交換所であり、昭和二六（一九五一）年に間藤交換所の機能を移設した。交換所はすでにあった建物を転用したと伝えられ、この時点で大幅な増改築が加えられたものと考えられる。

電話の導入は明治一九（一八八六）年で、当時は警察、鉄道など公的な使用が主で、民間企業での利用では最も早いものである。当時は坑内外の一部の敷設だったが、明治二二（一八八九）年頃には独シーメンス社から新たな坑内電話を購入し電話網が整備された。

建物は木造平屋建の寄棟（一部切妻）造で、屋根はトタン葺き。外壁は大壁造モルタル塗り、窓は縦長両開きの窓を並べた洋風の外観である。室内は中廊下式で、手前の二室は昔の電話機や交換機が展示され、木製電話を使用することができる。天井は竿縁である。出窓は外側がガラス戸、内側は障子が二重にしてある。

拝殿

古峯神社《ふるみねじんじゃ》

【所在】鹿沼市草久3027【建築年】不詳

神社が鎮座する古峯《こぶ》ヶ《が》原《はら》は日光山を開いた勝道上人《しょうどうしょうにん》の修行の地であり、古峯の大神に修行を助けられたことでも知られる。

弘仁一一（八二〇）年、瀧尾神社が弘法大師の執奏により御祈願所として創建されて以降、日光全山の僧たちは勝道上人の修業にあやかり、古峯ヶ原に登山して修行する慣わしとなり、その慣習は明治維新まで続いた。ご祭神であるヤマトタケルノミコト東征の途上、火難を除かれた故事によって火防の神として、また海上守護の神として崇められている。

拝殿は間口八間、奥行四・五間茅葺屋根。本殿も茅葺き屋根であったが現在は造り替えられて間口三間、奥行二・五間、屋根は金属葺である。

【本殿】間口3間　奥行2・5間　金属板葺【幣殿】間口3・5間　奥行2・5間【拝殿】間口8間　奥行4・5間　茅葺

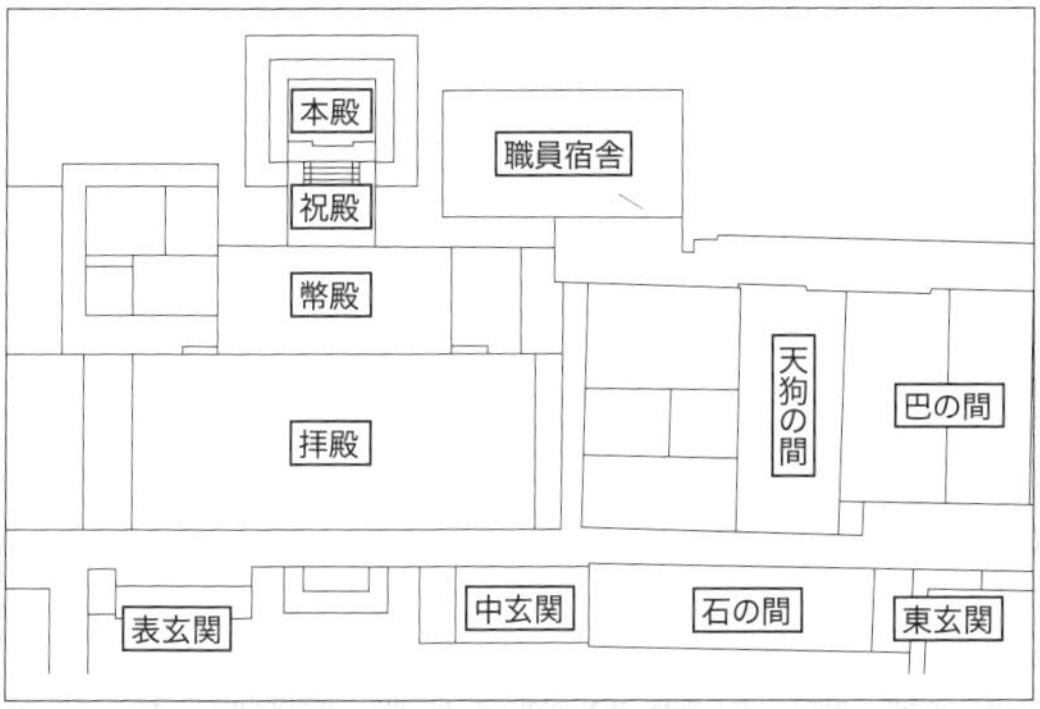

古峯神社の略平面図

大谷好美館《おおやこうびかん》（大谷家洋館《おおやけようかん》）

【登録文化財】［所在］鹿沼市今宮町１６１０［建築年］明治37年

地元出身で同志社を卒業した大谷養三が、帰郷後の明治三七（一九〇四）年頃に写真館を開設したのがはじまりといわれる。木造二階建で下見板張りペンキ塗りの住宅であるが、軒下の寺院風の持ち送りと入母屋の奥の「美」と庇下の「好美館」の文字が目につく。二階は広いスタジオがあって、ガラス張りの塔屋の天窓から光が取り入れられた。当時はまだ珍しかったリノリウムが床に貼られている。大谷養三が学生時代を過ごした神戸の異人館を参考にしたとも伝えられる。

宇都宮の大工が施工したが、随所に見られる和風の意匠は手がけた棟梁の創意であろう。玄関を入ると待合室があり、奥に修正室や薬品室や暗室などがあった。当時の工事費は八五〇円であった。

正面全景

正面全景

駒橋歯科医院診療所《こまはししかいいんしんりょうじょ》

鹿沼の総鎮守である今宮神社の表参道東側にある、神社とは好対照の洋館風の建物が目を惹く。初代院長の駒橋寅春が建築を三年間学んで設計を試みた。木造二階建で桟瓦葺の屋根をずらしての切妻造で、北側に二間、南側三間に分けて屋根が架かり、妻入りで南側にも妻面がある。外壁はドイツ下見板張りのハーフティンバー風の仕上げで、軒下部分は白漆喰塗り。外壁の一階と二階の窓の中間の位置には「ＫＭ」（駒橋）のアルファベットが表示されている。開口部はすべてアルミサッシュに替えられ、内部も少なからず改修が行われている。当時は一階が受付と患者の待合室で、診療室は二階に設けられていた。また導線に配慮して患者用と診察医の階段が別に設けられていた。

【登録文化財】［所在］鹿沼市今宮町１６０８［建築年］大正14年［設計］駒橋寅春

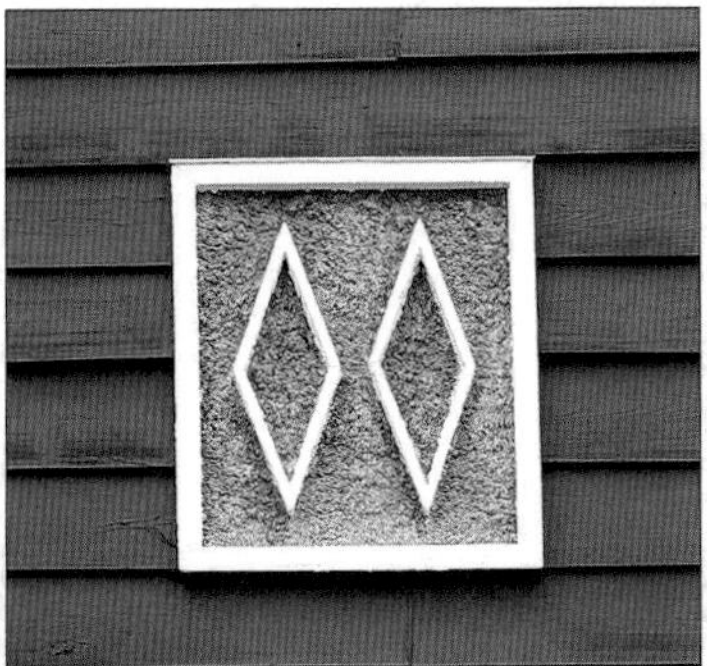

メダリオン（紋章）風に飾られた「KM」

左より、赤煉瓦造の門、石造の洋館、見世蔵、石蔵

福田家住宅《ふくだけじゅうたく》（見世蔵・洋館《みせぐら・ようかん》）

［所在］鹿沼市口粟野（旧粟野町）883［建築年］明治・大正期（1912～1925）

福田家住宅は明治から大正期に建てられた。明治七（一八七四）年から郵便局として業務を任され、その後は下野中央銀行粟野支店として昭和五（一九三〇）年まで使われた。以降、福田家の事務所として使われている。

見世蔵は木造二階建の切妻造。間口五・五間で出桁形式である。一階は引違い戸が入り、外壁は黒漆喰で仕上げる。屋根は一階を桟瓦葺、二階は鉄板葺きとし、置屋根風に軒を伸ばす。

洋館は石造二階建　寄棟造・桟瓦葺。外壁のタイル張りは、銀行としての堅実な証しとして張ったものと考えられる。見世蔵と洋館は内部でつながっており一体的に使用されていた。

街道に面して福田家が所有するレンガ塀、門、洋館、見世蔵、石蔵などの連なる景観は密度の高い近代的な街並みをつくりだし評価に値する。

【見世蔵】木造2階建　1階切妻造桟瓦葺　2階　鉄板葺【洋館】石造2階建　寄棟造　桟瓦葺

日光東照宮美術館《にっこうとうしょうぐうびじゅつかん》（東照宮社務所《とうしょうぐうしゃむしょ》）

［所在］日光市山内２３０１日光東照宮内［設計］田中宗次郎［施工］小林・大門・小野口の各技手

正面全景

日光東照宮美術館は、かつて「朝陽閣」と呼ばれる社務所で、東照宮迎賓館（旧山内御用邸）として使用された大楽院の一部を改築したものである。

昭和三（一九二八）年に竣工され、大正一二（一九二三）年の台風で倒れた東照宮の杉並木の中から、特に良質のスギ材が使われている。

入母屋造・銅板葺、玄関は唐破風屋根の奥にあり、正面の杉戸には荒井寛方の「老松」が描かれている。正面右手の階段室の奥には四三畳の大広間がある。大広間の二階は座敷があり、中央には幅二間の床の間、その東側の床脇には「朝陽閣」の額（第一六代徳川家達の献納）を掲げている。その西側の襖には中村岳陵の「瑞鳥（鷹）」が、その裏面となる朝陽閣次の間の襖と西側の壁には、荒井寛方の「鷺の杜」が描かれている。

階段室二階の西側奥には、床を一段高くした上段の間がある。次の間を隔てる襖には、横山大観の「朝陽之図」が描かれ、太陽と朝日に輝く光の束が表現されている。近代和風の傑作といえる珠玉の作品である。

帝国繊維鹿沼工場《ていこくせいいまかぬまこうじょう》

【登録文化財（石蔵）】［所在］鹿沼市睦町１９５６－２［建築年］明治22年［設計］ワルケル社

石壁を用いた建屋

黒川の東岸に位置する帝国繊維株式会社鹿沼工場（前身は下野麻紡織会社）は、明治二〇（一八八七）年一月、地元の鈴木要三を中心に設立された。発起人には安田善次郎、渋沢栄一、大倉喜八郎などが名を連ねた。

創業は明治二二（一八八九）年。当時、県の大麻生産量は日本一で鹿沼は野州大麻の主な産地であった。

その後、同社は業務を拡大し、会社名の改称、合併をくりかえし、大正一二（一九二三）年には黒川の対岸にあった日本麻糸株式会社を合併し「西工場」とし、当初からの工場は東工場と呼んだ。

昭和一六（一九四一）年からは帝国繊維株式会社と改称された。昭和三四年に再び帝国繊維株式会社となって現在に至り、操業を続けているのは東工場だけである。その東工場は外壁に大谷石および深岩石を用いた平屋の建物で、内部の間仕切壁は赤煉瓦積、小屋組は洋式トラスを採用して、屋根は鋸屋根である。

現在地に工場や事務所などを建築する工事が始まったのは明治二一（一八八八）年一月であった。紡績器械を仏のワルケル社から購入した関係で、工場の設

帝国繊維のシンボルマークがつけられた外壁

計は同社。同年九月から基礎工事に取りかかっている。工事監督は帝国大学の古市公威を通じて中村達太郎（造家学科助教授）に依頼された。明治二一年一二月、木造の洋風事務所と石造倉庫がまず完成し、翌二二年春には工場など全てが竣工した。器械の据え付けが完了したのは明治二三（一八九〇）年八月であった。

　動力には電力が用いられ、英米からの輸入タービンによるわが国初の自家用水力発電所が工

木造の天井と梁が目を引く

建屋の入口

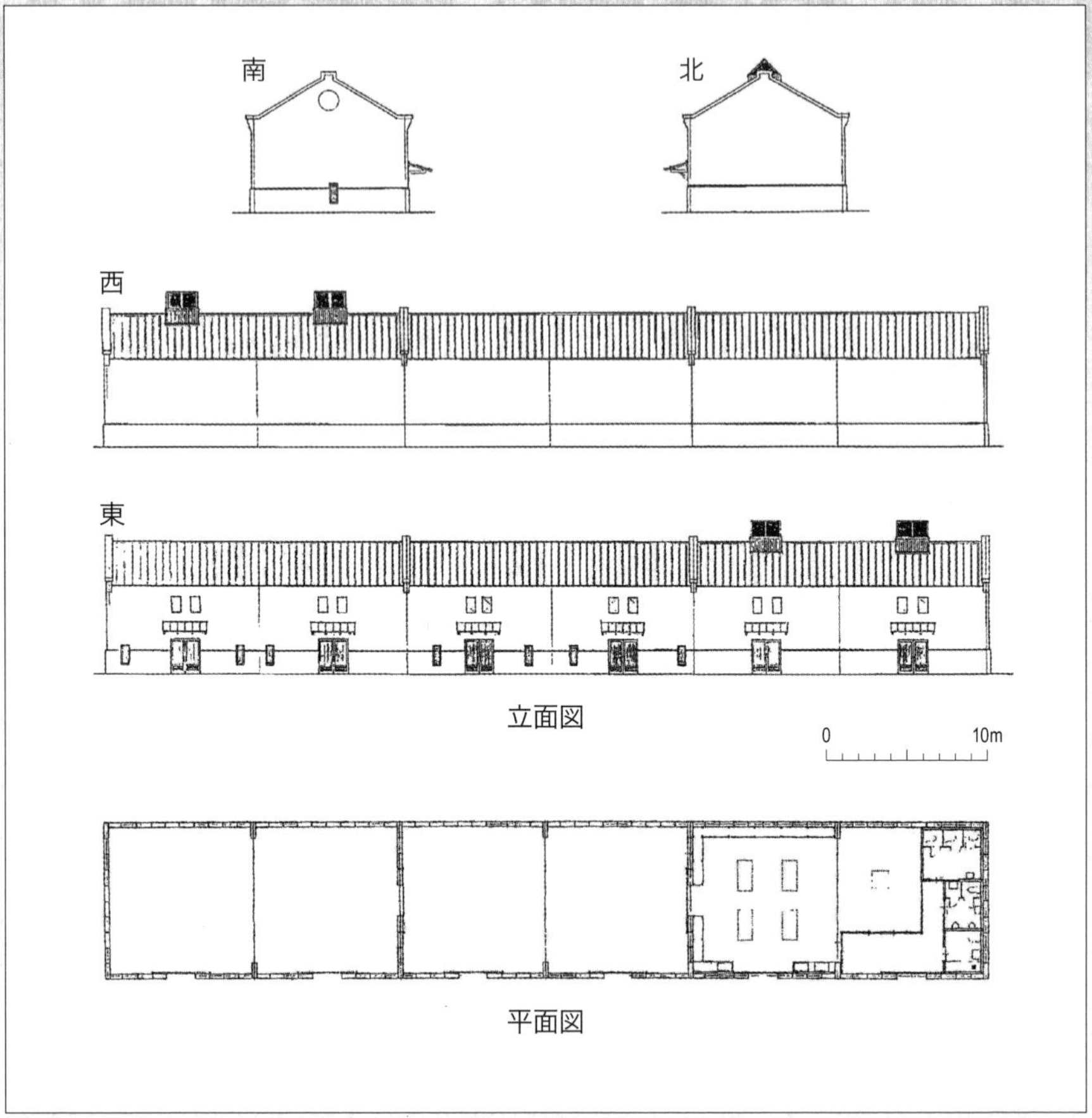

帝国繊維鹿沼工場の立面図と平面図

場内に建設された。

西工場は廃止され、大正二（一九一三）年設計の日本麻糸株式会社の大規模な石蔵倉庫一棟だけが残っている。

施工を担当したのは、森峰吉であった。明治二五（一八九二）年三月森建築として創業し、明治三七（一九〇四）年森組と改称している。それ以前にも森建築には下野麻紡織会社とつながりがあった、といふことを考えるのが普通である。森組は多くの帝国製麻の工事に関わっている。水路付替（明治三九年）、日光工場（明治四〇年増築）、鹿沼工場寄宿舎（大正三年新築）、鹿沼工場社員住宅（大正五年新築）、変電所（大正六年新築）等があり、そのほか堤防、架橋、隧道等がある。

栃木の近代化遺産を歩く

県南地区

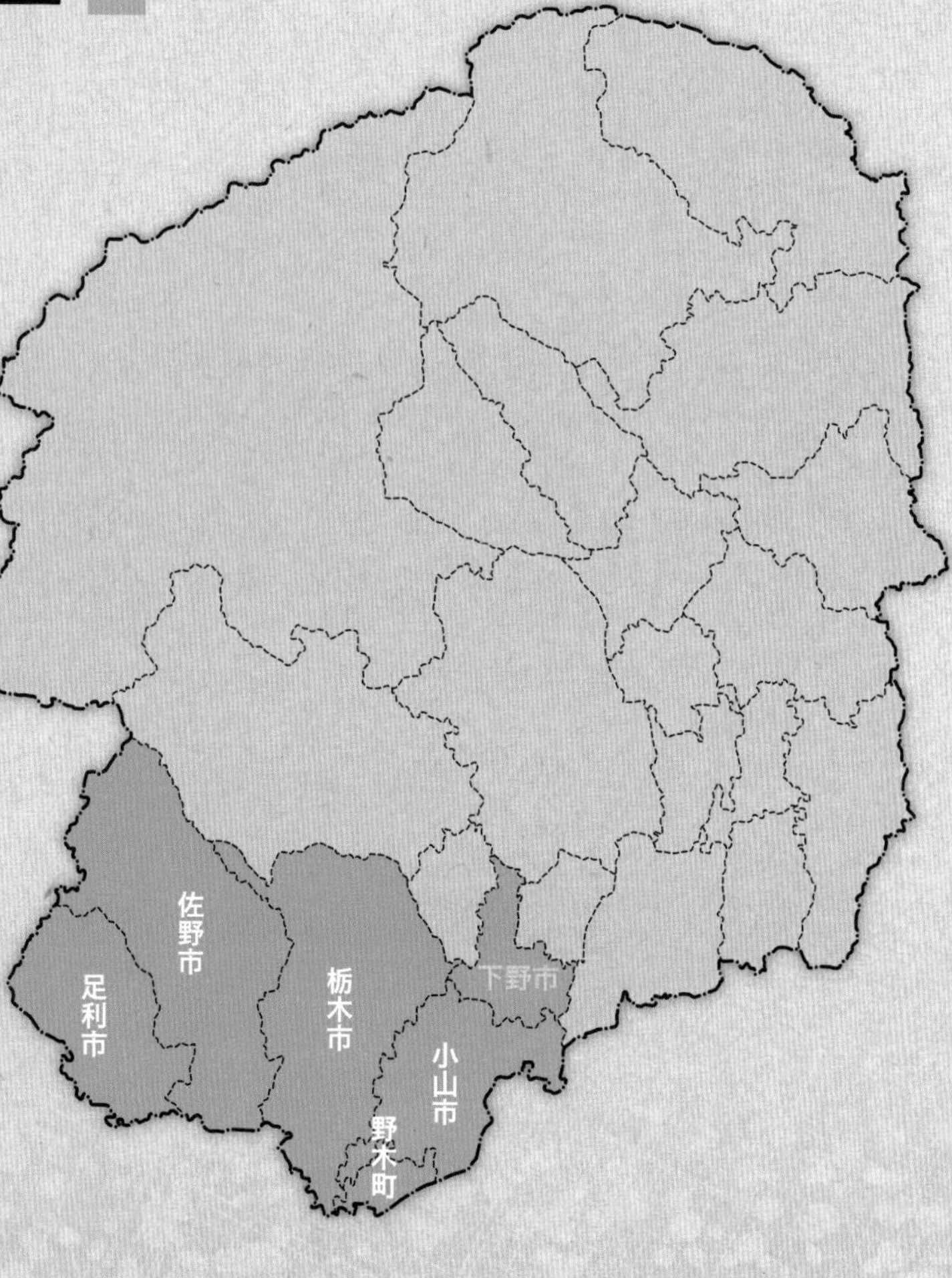

栃木県における近代化の波をいち早く受け止めたのは県南地区である。それはこの地区が江戸期から舟運で栄えたことと決して無縁ではない。中でも巴波川《うずまがわ》の舟運と中山道倉賀野宿から分岐し日光へと向かう例幣使道の宿場町として栄えた栃木は、江戸から明治にかけての商業や文化の繁栄を色濃く残すまちである。

近代化がもたらしたのは、物流を担う輸送手段の交代でもあった。舟運から鉄道へとシフトすることで、さらなる発展を遂げる地方都市が出現した。その原動力となったのが明治二一（一八八八）年の両毛鉄道（現在のJR両毛線）開通である。日本鉄道第二区線（現在のJR宇都宮線）小山駅より分岐し、栃木、佐野、足利と県南地区を通っていた。それゆえ、大正七（一九一八）年の栃木・茨城両県で行われた陸軍特別大演習での大本営が県立栃木中学校に置かれたのであり、また足利の絹織物や佐野の綿織物の隆盛はなかった。木村輸出織物工場・足利織物株式会社（いずれも足利市）や小島家住宅（佐野市）などの建造物はそうした歴史的背景を今に伝えている。また産業の発展は文化醸成にも大きく貢献し、長林寺本堂や織姫神社社殿（いずれも足利市）は伝統と近代化が融合した足利の象徴ともいうべき宗教建築である。

この他、小山送信所局舎や川島石材問屋事務所、そして下野煉化製造会社煉瓦窯もまた、栃木県から近代化を支え動かしてきたことを物語る歴史の証言者である。

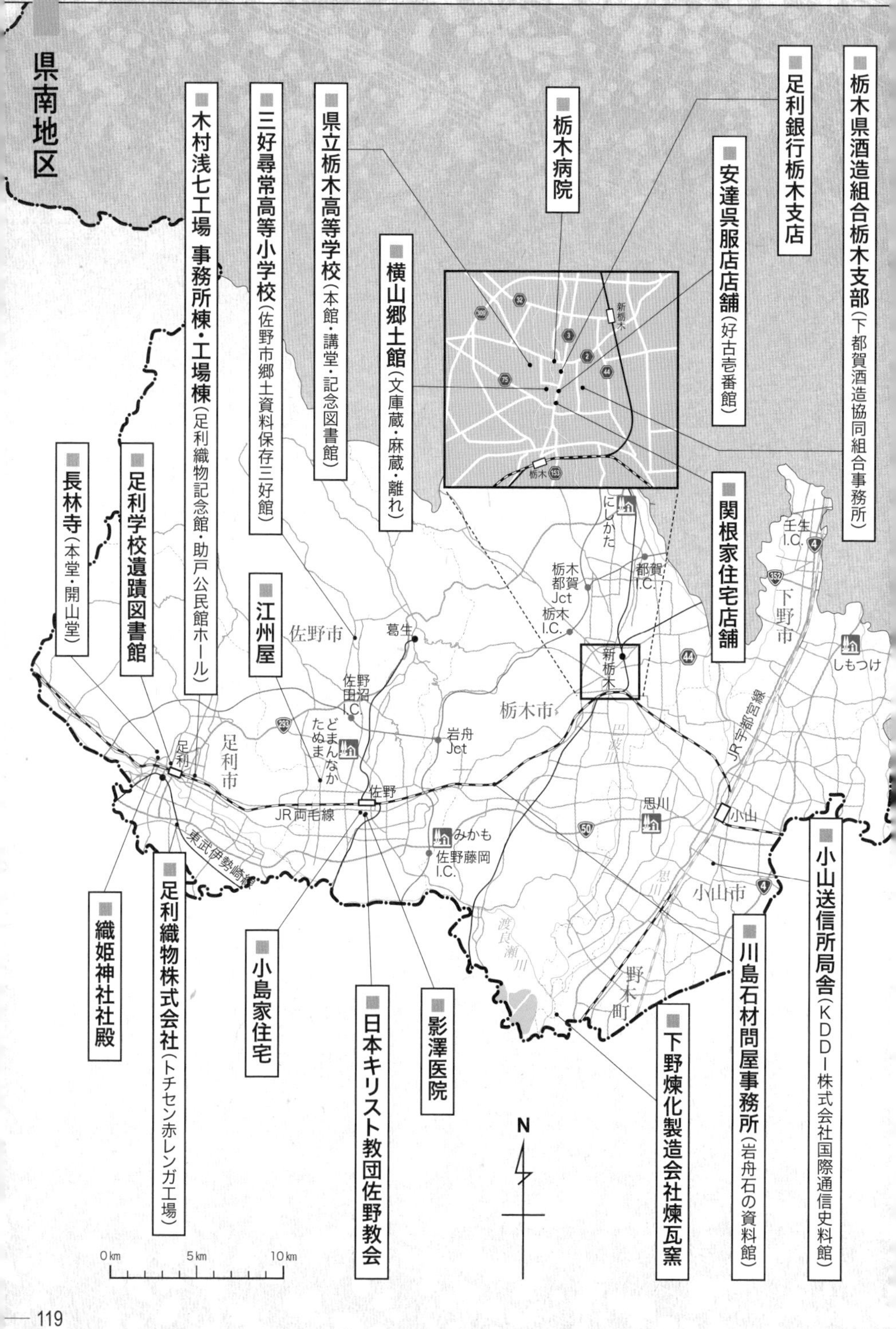
栃木県酒造組合栃木支部（下都賀酒造協同組合事務所）
足利銀行栃木支店
安達呉服店店舗（好古壱番館）
栃木病院
県立栃木高等学校（本館・講堂・記念図書館）
横山郷土館（文庫蔵・麻蔵・離れ）
三好尋常高等小学校（佐野市郷土資料保存三好館）
木村浅七工場 事務所棟・工場棟（足利織物記念館・助戸公民館ホール）
江州屋
足利学校遺蹟図書館
長林寺（本堂・開山堂）
関根家住宅店舗
新栃木
栃木
にしかた
栃木都賀Jct
都賀I.C.
栃木I.C.
壬生I.C.
下野市
しもつけ
佐野市
葛生
佐野田沼I.C.
どまんなかたぬま
岩舟Jct
栃木市
巴波川
足利
足利市
佐野
JR両毛線
東武伊勢崎線
みかも
佐野藤岡I.C.
思川
小山
JR宇都宮線
小山市
渡良瀬川
野木町
織姫神社社殿
足利織物株式会社（トチセン赤レンガ工場）
小島家住宅
日本キリスト教団佐野教会
影澤医院
下野煉化製造会社煉瓦窯
川島石材問屋事務所（岩舟石の資料館）
小山送信所局舎（KDDI株式会社国際通信史料館）
N
0km
5km
10km

県立栃木高等学校《けんりつとちぎこうとうがっこう》（本館・講堂・記念図書館《ほんかん・こうどう・きねんとしょかん》）

【登録文化財】［所在］栃木市入舟町12-4［建築年］【本館】明治29年【講堂】明治43年【記念図書館】大正3年［設計］不詳（当時の文部省技師の関与か）

旧本館（御聖跡）の全景

県立栃木高等学校の前身である栃木尋常中学校栃木分校（明治二九［一八九六］年四月創立）から県立栃木中学校時代に建てられた建造物三棟が今も生徒たちを見守り続けている。

創立時に建造された旧本館は「御聖跡」の名で呼ばれていた。その由来は、明治三二（一八九九）年に近衛師団の演習に行幸された明治天皇の行在所に充てられたためで、その際、二階に御座所や御寝室などの改造が行われた。大正七（一九一八）年の陸軍特別大演習で学校が大本営となった際も改造が行われた。そのため「御聖跡」は、明治天皇聖蹟として史蹟名勝天然紀念物法に基づき国の文化財に指定されていた（昭和二三［一九四八］年、占領下のGHQによって一斉解除された）。

旧本館は木造二階建寄棟造の桟瓦葺で、正面中央に玄関部分を張り出し、外壁を下見板張りのペンキ塗りとして、上げ下げ窓を並べただけの質素な建物で

学校行事のほか、地域の催しにも利用されている講堂

ある。一階内部は職員室、校長室、事務室などで、二階は広い講堂であった可能性が高く、明治期の典型的な中学校建築である。

明治四三（一九一〇）年に完成した講堂は、木造平家建寄棟造の桟瓦葺で、下見板張りのペンキ塗の外壁に半円形の欄間を持つ上げ下げ窓を規則正しく並べ、入口にペディメントを付けている。広い講堂の天井には漆喰装飾が施され、演壇廻りには飾り柱を用いた本格的な洋風装飾である。

講堂と対峙する記念図書館は、大正三（一九一四）年、同窓会の記念事業として建造され、当時としては専用図書館を持つ学校は稀であった。木造二階建寄棟造の桟瓦葺で、外観は下見板張りペンキ塗りであるが、窓は引き違いで正面にアーチを用いた大きな玄関部分を張り出している。内部は一階が図書室、二階には畳敷きの大広間が設けられている。

1階は記念図書館で2階は「養正寮」と呼ばれる和室

巴波川に面した文庫蔵（左側）と麻蔵（右側）

横山郷土館《よこやまきょうどかん》（文庫蔵《ぶんこぐら》・麻蔵《あさぐら》・離《はな》れ）

【登録文化財】［所在］栃木市入舟町2-16【文庫蔵】［建築年］明治43年（木造の店舗不詳）［建立］横山定助【麻蔵】［建築年］明治42年［建立］横山定助【離れ】［建築年］大正時代（1912～1925）

栃木市中心部、旧日光例幣使道近くを流れる巴波川沿いには土蔵や石蔵が残り、江戸から明治期にかけて舟運で繁栄した往時をしのばせる。常陸国石岡生まれの水戸藩士横山定助は、栃木で麻糸商や心縄製造（下駄の鼻緒のしん）を営むかたわら、明治三三（一九〇〇）年には栃木共立銀行を設立し、栃木有数の豪商として知られていた。かつては大通りに店舗を構えたが、明治後期になってこの地に移り、現在の店舗や石蔵を建造した。

巴波川に面した建物中央に木造町屋風の店舗があり、南側が銀行の店舗（文庫蔵）、北側が麻問屋（麻蔵）として使われた。文庫蔵は石造二階建切妻造の桟瓦葺で、凝灰岩のひとつである鹿沼の深岩石で積んでおり、一階と二階の間の腰まわりには近隣で採石された岩舟石を用いている。軒廻りには赤レンガを積み、窓や出入り口に洋風意匠を用い、内部の小屋組は洋式トラスであ

る。麻蔵も石造二階建切妻造の桟瓦葺で、こちらは凝灰岩のひとつである大谷石で積まれている。また窓の意匠や小屋のトラスは文庫蔵と似て洋風建築の影響が感じられる。なおトラスの棟木には墨書があり、文庫蔵が明治四三（一九一〇）年三月、麻蔵は明治四二（一九〇九）年一二月の上棟で、どちらにも横山定助建立とある。

店舗正面の建具と窓廻り

腰まわりの岩舟石がアクセントになっている文庫蔵

　店舗へ入ると、庭園の西側には大正時代に建築された離れがある。木造平屋の大規模な建物で、外部はハーフティンバーの瀟洒《しょうしゃ》な洋館である。内部は畳敷きで床の間や違い棚があり、天井には漆喰塗りの洋風装飾があって、さながら和洋折衷の趣がある。

　店舗の正面には文明開化の象徴であるガス灯の跡が残されている。

関根家住宅店舗《せきねけじゅうたくてんぽ》

【登録文化財】［所在］栃木市倭町11-4［建築年］大正11年

栃木市中心部の大通り（旧例幣使道）沿いに住宅を構える関根家は、幕末期から煙草の卸売商を営み、明治初期には「栃木煙草売捌組合」として昭和四（一九二九）年まで続いた。

正面全景

大正一一（一九二二）年に建設され、かつては東京海上火災保険、大井証券、中原証券等が入居し、現在はカフェとしてリノベーションの上活用されている。店舗は洋館二階建の鉄筋コンクリート造。小屋組は木造で切妻造の桟瓦葺。外壁はタイル張りで、軒や高く上げた正面と両側面のパラペット（陸屋根）には、大正初期に日本でも流行した幾何学的意匠や渦巻く植物文様が特徴のセセッション（ウィーン分離派）風の装飾が施されている。軒蛇腹（コーニス）は大きな持ち送りを配し、四角形で区切っている。

正面全景

栃木病院《とちぎびょういん》

【登録文化財】［所在］栃木市万町13-13［建築年］大正2年

巴波川のほとりで旧例幣使道の西側にある栃木病院は、近くの国の伝統的建造物群保存地区になっている嘉右衛門町の街並みとは異なり、ドイツなどで見られる木骨を露出させるハーフティンバーを用いた本格的な洋風建築としてひときわ目を惹く。

建造当時の院長は粟田口留三で、先代よりこの地で医院を開業していた。建物の設計者は不詳であるが、横浜在住の建築家に依頼したと伝えられる。一方、旧栃木町役場の技師であった堀井寅吉の設計であるとの説もある。いずれにしても、ドーマー窓の筋交い等、確かな設計技術をもつ建築家の設計である。

建物は木造二階建で、屋根は鉄板葺（創建時はスレート［粘板岩を薄く割って板状にした素材］葺）を一段高くし、両翼は少し突き出している。左側は切妻造、右側は入母屋造の屋根を架け、左右対称を崩して、屋根には台形のドーマー窓を付けている。外壁は一階を板張りペンキ塗り、二階を漆喰塗りとし、木骨の曲線を強調している。また中央部一・二階には開放的なベランダが設けられ、変化に富んだ軽快な外観を生み出している。

安達呉服店店舗《あだちごふくてんてんぽ》（好古壱番館《こうこいちばんかん》）

【登録文化財】［所在］栃木市万町4-2［建築年］大正12年

大正期になると蔵造りの店舗に代わって、新しい洋風の店舗が出現する。旧安達呉服店もその一つで、栃木市中心部の大通り（旧例幣使道）に残る本格的な洋風店舗である。木造二階建で屋根裏部屋（三階）を設け、屋根は銅板葺の本格的な寄棟マンサード屋根で、ここにもペディメントを付したドーマー窓を配している。その下に軒蛇腹を切り、柱内に「丸に二つ引き」の家紋が掲げられている。外壁はセメント洗い出し仕上げで、柱型やアーチ部分を石張りとする。一階正面をポーチ状に張り出して扁平アーチを架け、二階中央の窓にはペディメントを載せ、その上には屋根窓を設けるなど、本格的な洋風意匠が目立っている。

正面全景

栃木県酒造組合栃木支部《とちぎけんしゅぞうくみあいとちぎしぶ》（下都賀酒造協同組合事務所《しもつがしゅぞうきょうどうくみあいじむしょ》）

正面全景

　明治期に結成された酒造組合で、酒質の向上と原料買入れ、製品販売の統一や酒造税の完納を目的として活動していた。

　構造は木骨大谷石造の二階建で寄棟造の桟瓦葺。平面は桁行六間×梁間五間。正面中央には洗い出し仕上げで玄関ポーチには円柱を用いている。上部にバルコニーがあり、後年屋根が架けられた。建物外壁は大谷石を貼り付け、軒蛇腹と胴蛇腹も大谷石を用いている。また一・二階には縦長の四角窓は整然と並べられ、中央にペディメントを突き出させ、巧みに変化を強調している。栃木市内には大谷石を用いた事務所建築はここ以外になく、木骨石造による事務所建築の好例である。

【登録文化財】［所在］栃木市万町25-16［建築年］昭和4年

2階中央の四角窓上のペディメント

正面全景

足利銀行栃木支店《あしかがぎんこうとちぎしてん》

【登録文化財】［所在］栃木市万町15-25［建築年］昭和9年［設計］不詳［施工］小川建設

栃木市役所庁舎北側の栃木市中心部大通りに面しており、柱頭や軒下に西洋の古代意匠を本格的に盛り込んだいかにも銀行らしい建造物。木造平家建で切妻造鉄板葺の周囲にはパラペット（陸屋根）を立ち上げ、外壁は石積み風セメント塗り仕上げで横目地を備えている。昭和四八（一九七三）年以降、栃木市教育委員会が使用していたが、現在は洋食レストランとなっている。

外観は西洋のオーダー（柱と梁の組み合わせ）にしたがい、正面に二本の独立柱を建て、古代ローマ建築に起源をもつトスカナ式といわれる柱頭と梁に敢えて装飾を施した様式で、西洋建築らしさを演出している。窓は縦長の角窓で、ルネサンス風の横目地に良く調和している。

足利銀行の手から離れた後、取り壊しが検討された時期もあったが、栃木の歴史的な街並みには必要ということで、外装を含めた内外の改装が行われたのち、平成一七（二〇〇五）年に移設された。

正面全景

川島石材問屋事務所《かわしませきざいとんやじむしょ》（岩舟石の資料館《いわふねいしのしりょうかん》）

［所在］栃木市（旧岩舟町）鷲巣54［建築年］昭和7年［設計］川島定四郎［施工］川島事務所

足尾山系の最南東端に位置する岩舟山は、岩舟石が産出されることで有名で、寛文一〇（一六七〇）年の「岩船山縁起絵巻」にはすでに採石場面が描かれている。

川島家は古くからこの地で石材店を営む旧家で、明治期には業績不振から一時石材業をたたみ土木業を興した。大正八（一九一九）年、再び石材業を復興させ、割栗石の開拓を行った。事務所は昭和七（一九三二）年に社長の川島定四郎《ていしろう》が自ら設計し、自社の従業員が施工して完成させた。自社で建てたのは、大正末期からおこった株価暴落により、岩舟石が深刻な販売不況に陥り、自社の石工救済の目的のためだった。

外壁にはさまざまな細工が施された。屋根と窓枠にはモダンな意匠が刻まれ、二階部分では外壁を一部乱積にしている。室内は白漆喰を基調にまとめられ瀟洒な雰囲気がある。平成一一（一九九九）年から岩舟石の文化を伝え残す資料館として公開している。

昭和初期に見られた典型的なモダニズム建築

小山送信所局舎（KDDI株式会社国際通信史料館）《おやまそうしんじょきょくしゃ（けーでぃーでぃーあいかぶしきがいしゃこくさいつうしんしりょうかん）》

［所在］小山市神鳥谷1828-4
［建築年］昭和5年12月
※現在は非公開

わが国の対外通信は、大正期までは欧米の電話会社が所有する海底電線を利用していた。しかし、大正三（一九一四）年の第一次世界大戦勃発を機に、無線通信へ転換を積極的に図ることとなった。大正四（一九一五）年、初めて日露間に国際無線電信連絡が開通すると、大正一一（一九二二）年には北米間にも開通した。政府は国際無線の更なる拡大をめざし、大正一四（一九二五）年日本無線電信株式会社（現在のKDDIの前身）を設立した。

同社は対ヨーロッパ無線電話の通信局として、四日市受信所（昭和三［一九二八］年）、依佐美送信所（静岡県刈谷市・昭和四［一九二九］年）を完成させている。次いで対米国、極東、南海無線を目的に建設されたのが小山送信所で、昭和六（一九三一）年に業務を開始した。昭和一五（一九四〇）年には写真電送にも成功し、対米国、英国、アルゼンチン等に使用された。戦後一時期中断し、再び対米国

史料館はKDDI（株）小山ネットワークセンター構内にある

電信送信所として全盛期を迎えた。昭和二八（一九五三）年に国際電信電話株式会社（ＫＤＤ）が設立され、昭和六〇（一九八五）年に小山国際通信センターとなった。現在、旧局舎は国際通信史料館として、経済産業省の近代化産業遺産（通信）に登録されている。

建物は二階建の鉄骨鉄筋コンクリートで、昭和初期に見られた典型的なモダニズムであるが、正面の階段や出入り口廻りにはドイツ表現派風のデザインがみられ、玄関の扉や内部の意匠はアール・デコ調である。特に二階の展示室（旧送信機室）は、緩やかなアーチ形の梁を見せた独特の空間である。

堅牢な佇まいをみせる正面。ドイツ表現派風のデザインがよくわかる

日本キリスト教団佐野教会《にほんきりすときょうだんさののきょうかい》

【登録文化財】［所在］佐野市金屋仲町2431［建築年］昭和9年［設計］佐藤功一［施工］田口喜作

明治二一（一八八八）年、同志社創立者の新島襄の教えを受けた中山光五郎を伝道師として布教を始めたプロテスタント系の教会。天神町へ移転した後、昭和九（一九三四）年に現在地の金屋仲町に教会を建築した。戦前より「愛児園」を開園し、以降幼児および児童教育の進展に努めてきた。

建物は急勾配の切妻造で木造二階建。一階は保育室で二階が礼拝堂、最上階に鐘楼を持ち、屋根は菱形スレート葺。中央に薔薇窓を配し、開口部は尖塔アーチ（ゴシック）で横板を張り、白ペンキ塗装仕上げで清潔感を表現している。小屋裏はキングポストトラスを組み、構造を補強する手段として斜材を追加している。

正面全景

工場全景

江州屋《ごうしゅうや》

江州屋は大正期創業の味噌醸造会社で、創業者一族の亀山家は近江出身で、近江井伊家直轄の領地であった佐野に入植し、江州屋を創業したとされる。店舗を除き、工場、住宅、門、煙突が残り、すべて大正時代につくられた。

工場は木造平家建の切妻造桟瓦葺で腰を下見板とし、漆喰仕上げを施している。小屋組はキングポストトラスで、醸造用の釜と角形の煙突は煉瓦造としている。昭和四〇年代には産業構造の変化もあり生産を中止し、現在は個人用の味噌を生産している。

【工場】木造平屋建　切妻造桟瓦葺
【煙突】レンガ造（角形）【住宅】木造一部3階建　2階切妻造桟瓦葺

［所在］佐野市並木町470［建築年］大正年間（1912～1925）［設計］不詳［施工］不詳

住宅は木造一部三階建。三階部分は寄棟造だが、二階部分は切妻造桟瓦葺、三階部分は一見望楼のように見えるが後に増築されたもの。味噌蔵兼仕込蔵は三・五mの中間に柱を建てる。中央部分が一七間と南北に二間の下屋をもつ。木造二階建の主屋は、岩舟石の基礎に土台を廻した切妻造桟瓦葺で、南側一階は全面開口の木のガラス引き戸がついている。

小島家住宅《こじまけじゅうたく》

古くから天明鋳物や佐野綿縮の産地として栄えた佐野の繁栄をしのぶ小島住宅は、初代・小島和平が佐野銀行株主として創立に関わり、二代目国平は田中正造の姪と結婚して糸屋の家業を繁盛させた。

小島家住宅は洋館と日本館があり、新築工事は大正一四（一九二五）年にはじまり、昭和三（一九二八）年に最終勘定がなされた。洋館は木造二階建のスレート葺。外壁は上げ下げ窓で妻壁は白漆喰仕上げ、そのほかの外壁面はスクラッチタイル張りとなっている。洋館の平面は一階が応接室、二階は畳敷きの座敷で、室内の木製マントルピースとテーブルや椅子も葡萄のデザインで統一されており、内装はすべて建築当初のままである。洋館東側にある日本館も木造二階建で、玄関の間や次の間、居間などが書院造であり、居間の東側には二階建の土蔵（内蔵）が配置され、また付属屋として数寄屋造の茶室がある。

〔所在〕佐野市大和町2590〔建築年〕昭和3年〔設計・施工〕小川組

洋館正面全景

三好尋常高等小学校《みよしじんじょうこうとうしょうがっこう》（佐野市郷土資料保存三好館《さのしきょうどしりょうほぞんみよしかん》）

【市指定文化財】［所在］佐野市（旧田沼町）岩崎1325-1［建築年］明治44年

校舎正面中央玄関の車寄せ

三好尋常高等小学校は明治四四（一九一一）年に船越尋常小学校と統合し建てられた校舎で、明治期のものは市内にこの一棟だけとなった貴重な木造校舎である。昭和一六（一九四一）年に三好国民学校、昭和二二（一九四七）年に三好村立三好小学校となり、町村合併によって昭和二九（一九五四）年に田沼町立三好小学校となった。その後昭和四七（一九七二）年に廃校となるも、現在は移築されて資料館として活用されている。

木造平屋建桟瓦葺で二一間あり、正面中央には車寄せの玄関を有している。正面玄関は入母屋造の桟瓦葺で、天井は格天井でガラス戸の建具を備え、東側の入り口は片流れ桟瓦葺の庇に引き違いの板戸を持つ。建物の基礎には岩舟石が使われている。外壁は下見板張りで開口部は木製建具とし、教室の出入口は木製のガラス戸である。内部は床が縁甲板張り、腰を竪板に張り、上部が漆喰塗りで竿縁天井である。

木村浅七工場《きむらあさしちこうじょう》 事務所棟《じむしょとう》・工場棟《こうじょうとう》（足利織物記念館《あしかがおりものきねんかん》・助戸公民館《すけどこうみんかん》ホール《ほーる》）

木村淺七工場事務所棟

明治期の足利における近代織物産業を支えた木村輸出織物工場とその事務所棟。創業者の初代木村浅七（一八四八〜一九一六）は明治・大正時代の実業家で、明治一三（一八八〇）年から一五（一八八二）年の国内不況（松方デフレ）のあおりを受けると、明治一六（一八八三）年に輸出絹織物の工場生産に商機を見出すと、オーストラリアへの見本送付を契機に、ヨーロッパへの輸出に成功。明治三三（一九〇〇）年には、両野染織、同三六年には足利模範撚糸合資会社（明治政府の国策会社）を立ち上げた。

【県指定文化財】［所在］足利市助戸町453-2［建築年］明治44年［設計］菅本

木村浅七工場工場棟

県北地区 県央地区 県東地区 県西地区 県南地区

明治四四（一九一一）年建造と伝えられる事務所棟は本格的な洋風建築で、木骨石造の二階建で寄棟（越屋根付）造の石綿スレート葺。外壁は大谷石積の上に漆喰が塗られている。また開口部など各所に洋風装飾が施され、二階の円形窓破風と正面中央のイオニア式オーダーの円柱上の半円アーチを載せる構成など、ルネサンス様式の特徴が見られる。

　一方、明治二五（一八九二）年建造の工場棟は、木造平屋建で寄棟造の桟瓦葺。外壁に漆喰塗りの大壁構造、内壁面は真壁漆喰仕上げで、柱や梁が露出した伝統的な土蔵造となっている。内部の小屋組には洋式のトラスが使用され、また白色塗装が施されているため、室内が明るくなるよう工夫されている。窓の内側には雨戸が納められ外部には見えないようになっている。外壁南側の窓は上下二段に分かれた窓で、リズミカルな窓構成となっている。

　なお、現在工場棟は公民館ホールとして、事務所棟は織物記念館として利用・公開されている。

木村家住宅配置図

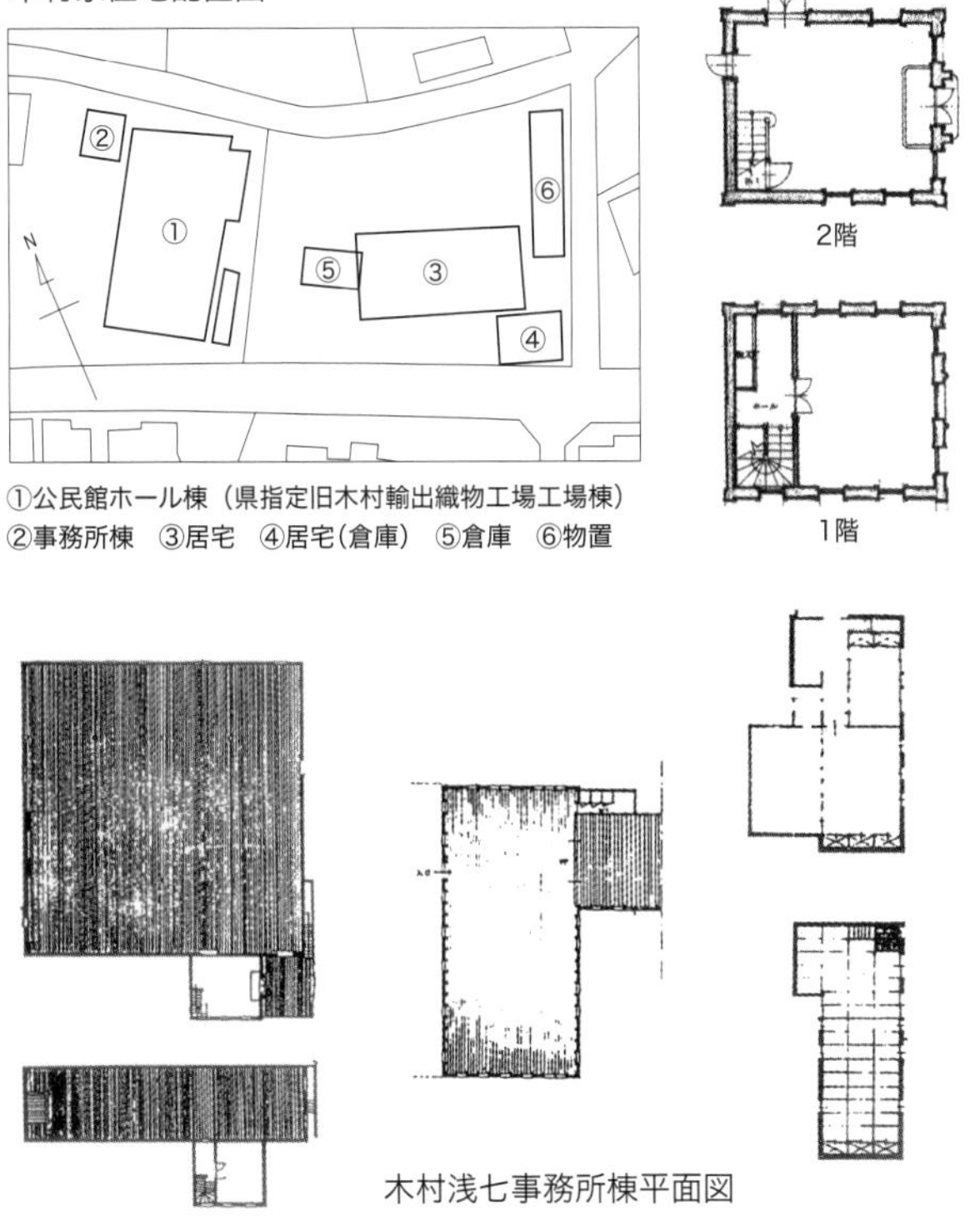

①公民館ホール棟（県指定旧木村輸出織物工場工場棟）
②事務所棟　③居宅　④居宅（倉庫）　⑤倉庫　⑥物置

木村浅七事務所棟平面図

正面全景

影澤医院《かげさわいいん》

【登録文化財】［所在］佐野市金屋仲町２４７２［建築年］明治44年

明治四〇（一九〇七）年頃、佐野における最初期の近代医療施設としてしられる外科医院。建物は明治四四（一九一一）年頃の建築で、明治四三（一九一〇）年上棟の棟札があったといわれる（現在は不明）。設計は横浜で活動した建築家に頼んだと伝わるが、これも不明である。

建物は木造二階建の洋風建築で、寄棟造のスレート葺。正面中央に二本の柱で支えられた縦の手すりのベランダを持つ。西洋風のデザインを模してさまざまな装飾を配し、柱頭やエンタブラチュアを備えている。横板張りの外壁に縦長の上げ下げ窓が並び、また上部に飾るペディメントには、「影澤外科院」の文字があしらわれている。内部は一階を診療室、二階入院室とした。

「影澤外科院」の文字をあしらったペディメント

正面全景

足利学校遺蹟図書館《あしかががっこういせきとしょかん》

【市指定文化財】［所在］足利市昌平町２３３８［建築年］大正４年［設計］星野男三郎［施工］星野工業事務所

足利で「学校さま」の愛称で親しまれている足利学校は、明治五（一八七二）年に蔵書とともに栃木県へ引き継がれるも、明治九（一八七六）年に土地・建物・蔵書等が県から返還され、ほどなく足利文庫が創設された。そして明治三六（一九〇三）年、念願の貴重書収蔵建物として図書館が建てられた。以降、昭和五五（一九八〇）年に足利市に県立図書館が開館するまで公立図書館としての役目を果たした。

建物は木造平家建の入母屋造桟瓦葺で、正面北寄りに玄関車寄せが付く。基礎と外壁は煉瓦積をして石材や漆喰で仕上げられ、玄関車寄せの柱や梁は鉄筋コンクリートを採用している。平面構成は矩形（五四尺×三六尺）プランで閲覧室が全体の二分の一を占め、玄関に隣接して会議室と研究室がある。天井は和風折上で洋風の照明器具をつけた和洋折衷の意匠である。外に面した縦長の上げ下げ窓は十分な採光を確保している。

煉瓦造六連鋸屋根が特徴的な捺染工場棟

足利織物株式会社《あしかがおりものかぶしきがいしゃ》（トチセン赤レンガ工場《とちせんあかれんがこうじょう》）

【登録文化財】［所在］足利市福居町1143［建築年］大正2年

工場はいずれも赤煉瓦造の六連鋸屋根が印象的な建物。捺染工場は、平屋建で煉瓦はイギリス積み。鋸屋根破風部分には三層

大正二（一九一三）年に創業された足利織物株式会社による輸出綿織物生産のために東武伊勢崎線福居駅前に建てられた。大正の好況期には、東京などの中央の資本がこの地の地下水や河川等を利用するべく、大規模な繊維工場が建設されたが、この工場もその一つである。ちなみに、大正八（一九一九）年には明治紡績株式会社となり、「明紡」の略称で知られていた。

捺染《なっせん》（布地に模様を印刷する染色方法）とサラン（ポリ塩化ビニリデン系合成繊維のこと。シートやテント等に利用される）

石材の窓枠が特徴的なサラン工場棟

煉瓦壁面に塗られた黒い迷彩柄は、空襲爆撃を避けるために施された

汽罐室にある織物工場には欠かせない
昭和 16 年設置のランカシャーボイラー

の軒蛇腹が付き、外壁側に突出した垂直の付柱、開口部楣《まぐさ》上に走る横材など外観上に特徴がある。一方サラン工場は基本的には捺染工場と同じだが、北側面に大きな石材を窓枠とする窓が密に並び、半円のドーマー窓が付いた切妻洋瓦葺。なお、捺染工場西には汽罐（ボイラー）室があり、こちらも煉瓦はイギリス積みの平屋建切妻スレート波板葺である。

　輸出織物の大量生産を目的とした近代工場であり、また大規模な赤煉瓦工場として唯一現存している貴重な建造物群でもある。

直射日光が当たらないよう、北側屋根上に明かり窓が取り付けられている

拝殿正面全景

織姫神社社殿《おりひめじんじゃしゃでん》

【登録文化財】［所在］足利市西宮町2459［建築年］昭和12年［設計］小林福太郎［施工］小川組

社伝によると、宝永二（一七〇五）年に伊勢国松坂の「神服織機殿《かんはとりはたどの》神社」の祭神二柱（天御鉾命《あめのほこのみこと》と天八千々姫命《あめのやちちひめのみこと》）を織物のまち足利の守護神として八雲神社境内（通四丁目）に勧請・合祀した後、明治一二（一八七九）年に現在地へ遷宮するも、翌一三年の火災で社殿が焼失。以後、仮宮のままであったが、昭和九（一九三四）年に前年の昭和天皇皇太子誕生を祝して社殿再建に着手、昭和一二（一九三七）年五月に竣工した。設計者は東京出身で、内務省社寺局に奉職後、日光廟大修理工事の主任技師などに携わっていた小林福太郎である。

社殿は機神山中腹に鎮座するため、境内からは足利市内と渡良瀬川が一望できる。耐火を重視した鉄筋コンクリート造平家建で入母屋造の銅板平葺。中央に拝殿、両側に翼廊、拝殿の後ろに幣殿と本殿が位置する。拝殿は入母屋造で屋根中央に千鳥破風が付き、柿葺を模した銅板平葺屋根である。正面三間、中央に格子戸と折戸を入れ、両脇は連子窓とする。翼廊は切妻造銅板平葺で妻を正面とする。

修理は平成二四（二〇一二）

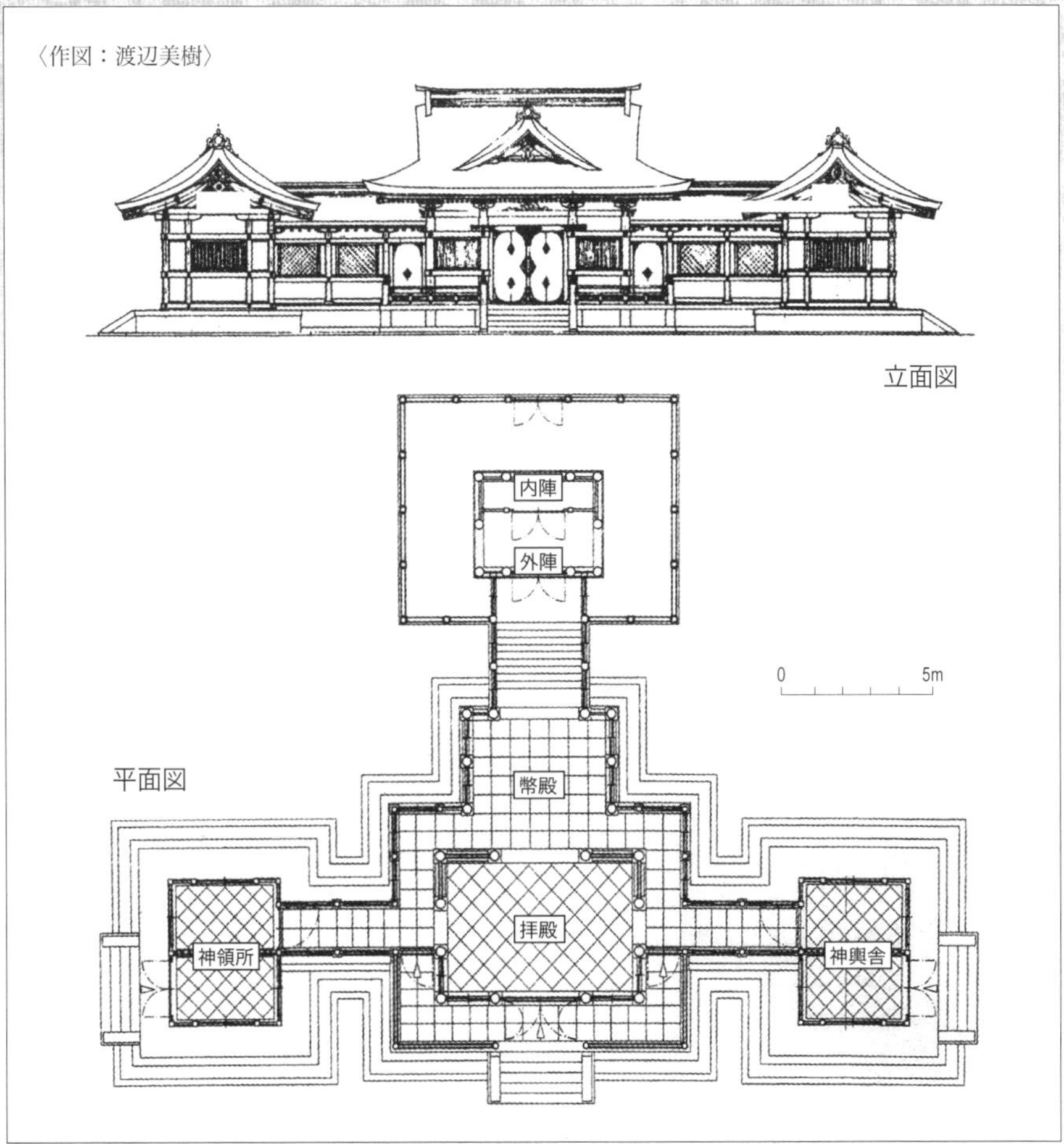

織姫神社の立面図と平面図

拝殿千鳥破風と軒下

年九月にはじまり、外装を朱色に塗り直すなどの改修が行われ、同二九（二〇一七）年の遷宮八〇周年に完了。建築当初の姿を保ちつつ維持されている。

本堂正面全景

長林寺《ちょうりんじ》（本堂《ほんどう》・開山堂《かいざんどう》）

【登録文化財】［所在］足利市西宮町2884［建築年］昭和4年［設計］小林福太郎［施工］小川組

足利市中心部より西へ約一・五km の両崖山《りょうがいさん》麓に建ち、室町期に関東管領・山内上杉氏に仕えた足利長尾氏の菩提寺。幾度かの再建を経て大正八年に再建計画がまとめられるも、経済悪化のため木造再建を断念、鉄筋コンクリート造とし、本堂・開山堂ともに昭和四（一九二九）年に竣工した。設計はのちに織姫神社社殿もてがける小林福太郎（日光廟の主任技師）である。

本堂は御影石の基壇上に建つ平屋建寄棟造の緑釉瓦《りょくゆうがわら》（陶器を焼く時に塗るうわぐすりを施した瓦）。平面は桁行き五間、梁間四間で、側柱は胴張りのある丸柱とし、柱頭に台輪を載せ、足元は礎盤で受ける。磚《せん》（レンガ）を敷きつめた床や黄色の壁、花頭窓、正面扉の双折桟唐戸《さんからと》など から中国禅宗寺院の様式が見られる。なお堂内の天蓋や照明器具、賽銭箱に至るまで小林の設計でもある。本堂の背後に位置する開山堂は平屋建銅板葺で、屋根北面に天窓を設け、東西壁面上部には引き違い窓を設けて

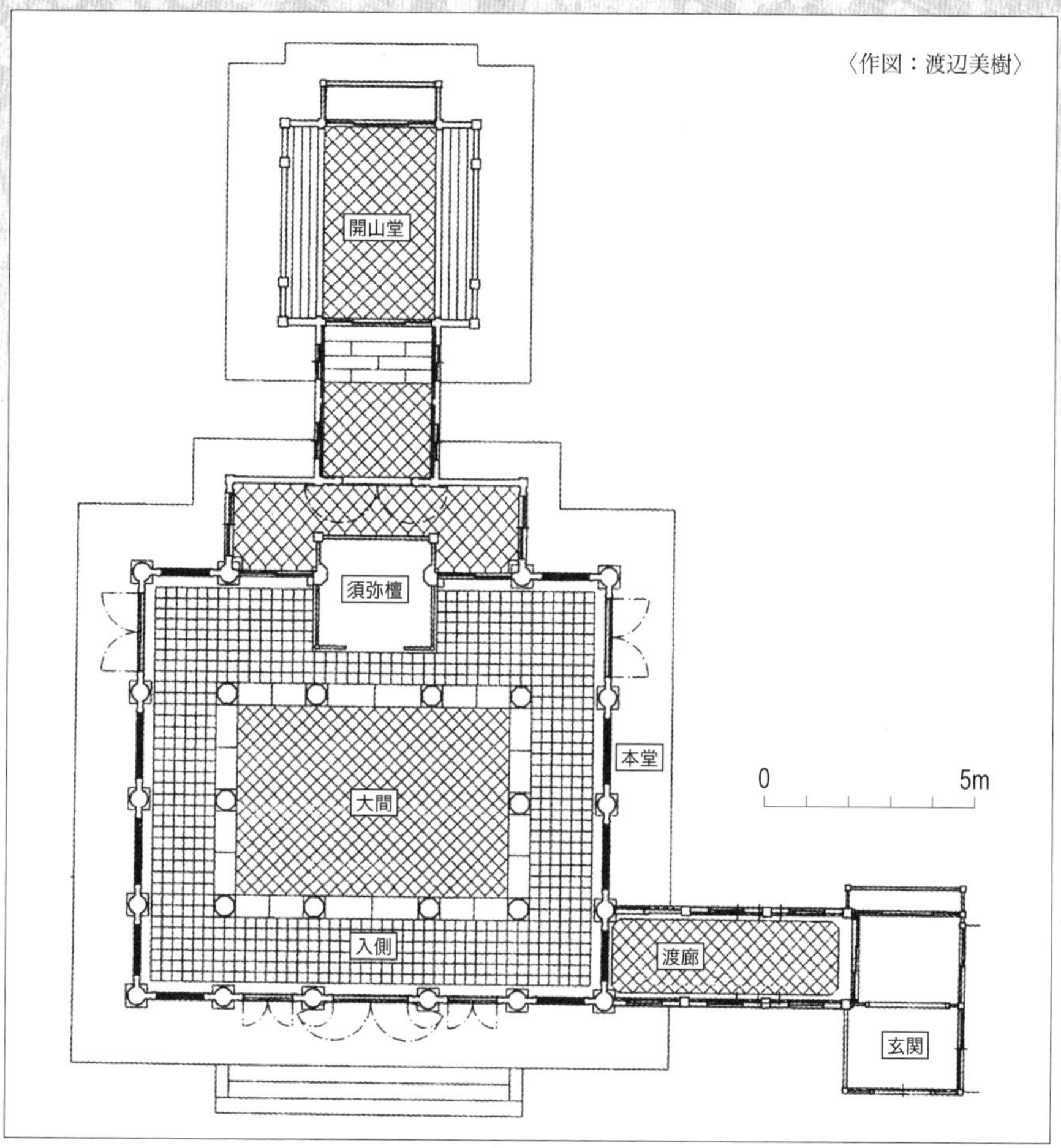

長林寺の平面図

桟唐戸の正面扉とエンタシス風の円柱

いる。いずれの建物も、竣工後の建物の変化さえ見込んだ小林の設計意図の深さが読み取れる。

下野煉化製造会社煉瓦窯《しもつけれんがせいぞうがいしゃれんががま》

【重要文化財】［所在］野木町野木3324［建築年］明治23年

正面全景

　明治二一年に三井合名会社の援助のもと創業され、現在は「野木町煉瓦窯」の愛称で知られている。この地に煉瓦工場ができたのは、近くを流れる思川や渡良瀬川から煉瓦製造に最適な粘土と川砂が採取できたことと、水運が利用できたためである。明治二二年、最新鋭のホフマン式輪窯（安政五［一八五八］年にドイツ人技師のホフマンが発明）の建設がはじまると、その年には赤煉瓦の製造と販売を開始している。以降、二度の社名変更を経た昭和四六（一九七一）年に煉瓦の製造販売が停止、株式会社シモレンと改称されるまでの約八〇年間、良質な赤煉瓦を製造し県内外の建造物に多く使われてきた。なお現存する煉瓦窯は、明治二三年完成の輪窯でほぼ完全な形で保存されている。

　輪窯部は高さ三・四m、内周約一〇〇m。外壁面は台形状に傾斜して赤煉瓦を現し、高さ一・一mの垂直の壁が立ち上がる。外壁には各面一カ所ずつ、合計一六カ所にアーチ状の出入り口が開けられ、さらに東西二カ所に煉瓦造の階段が付設されている。窯の上屋は木造の軸組に波板鉄板を葺いた大屋根が架けら

煉瓦窯の煙突（下部）

煙突と大屋根を支える木造の軸組

投炭孔と木造上屋

れ、その中央に高さ三二・六mの八角形の煙突が聳え立つ。窯の内部は、幅三・三m、高さ二・八mのヴォールト天井が環状に廻り、隔壁はない。内壁から一六本の煙突が放射状に中央の煙突に通じており、天井には多数の投炭口が規則正しく開けられている。赤煉瓦焼成の際には、まず焼成用の生煉瓦を積んで隔壁を作り、投炭口の上部から粉炭を投入し、煙突の周囲に設けられたダンパー（煙道開閉装置）を操作して火力を調整する。そして、窯詰・予熱・焼成・冷却・窯出という工程を循環移動しながら繰り返し、ちょうど一周すると一六窯を連続使用したことになる。その結果、約二万七〇〇〇本の赤煉瓦が一カ月足らずで製造された。手順と効率に優れ、短期間に大量の赤煉瓦を生産できるところが、このホフマン式輪窯の最大の特徴で、最盛期には二基のホフマン式輪窯で月産四〇万本に達したともいわれている。

1 階

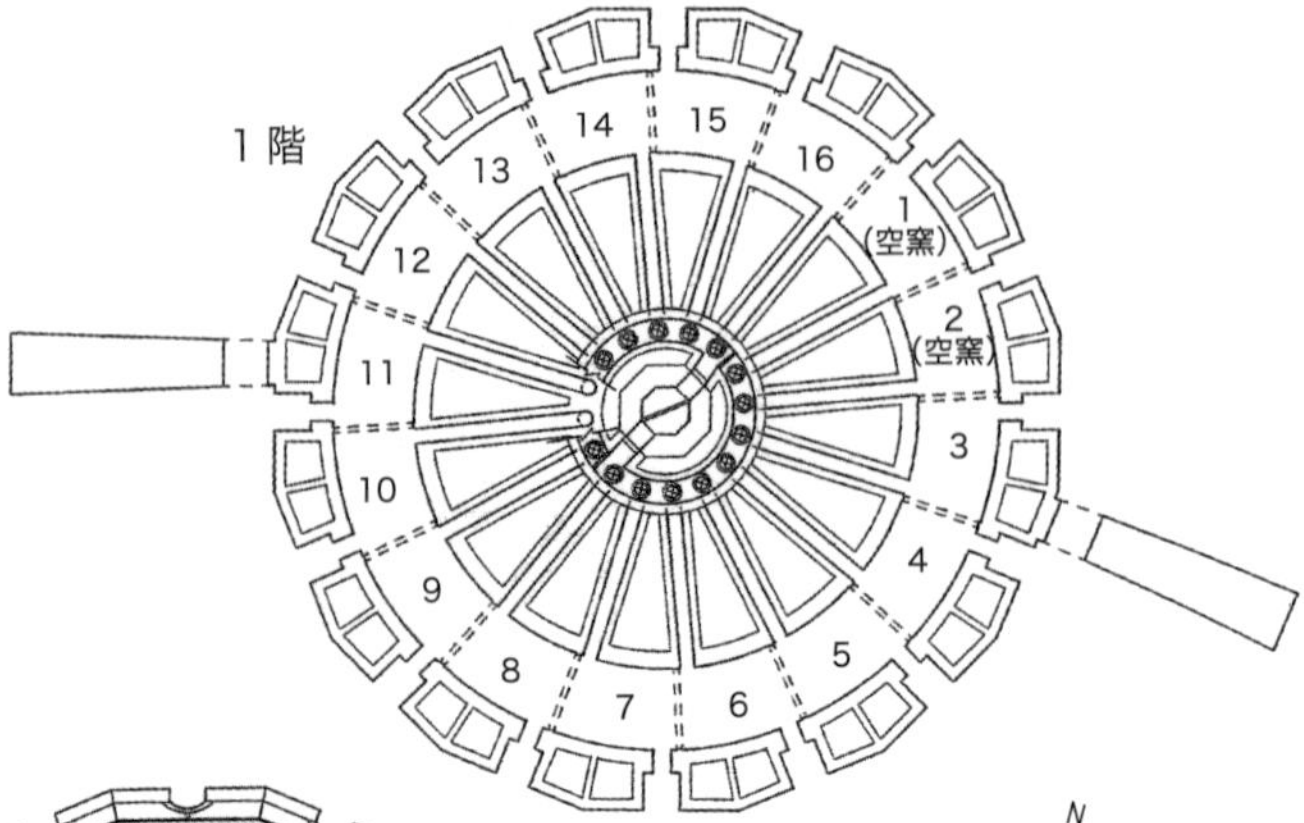
1
2
3
4
5
6
7
8
9
10
11
12
13
14
15
16
(空窯)
(空窯)

2 階

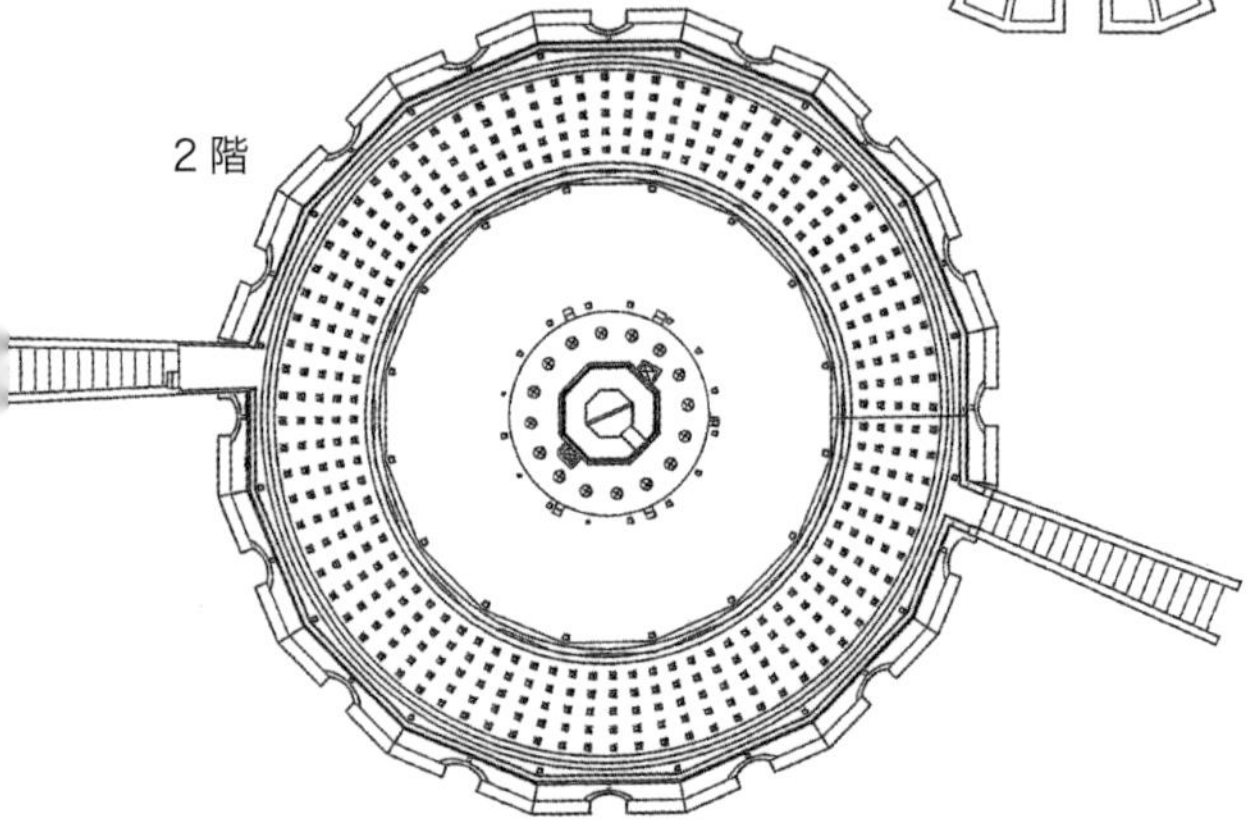

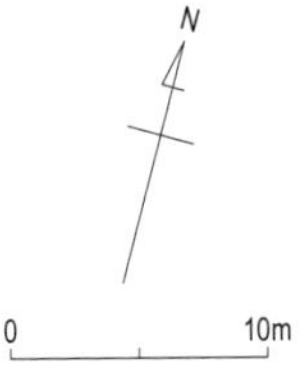
N
0
10m

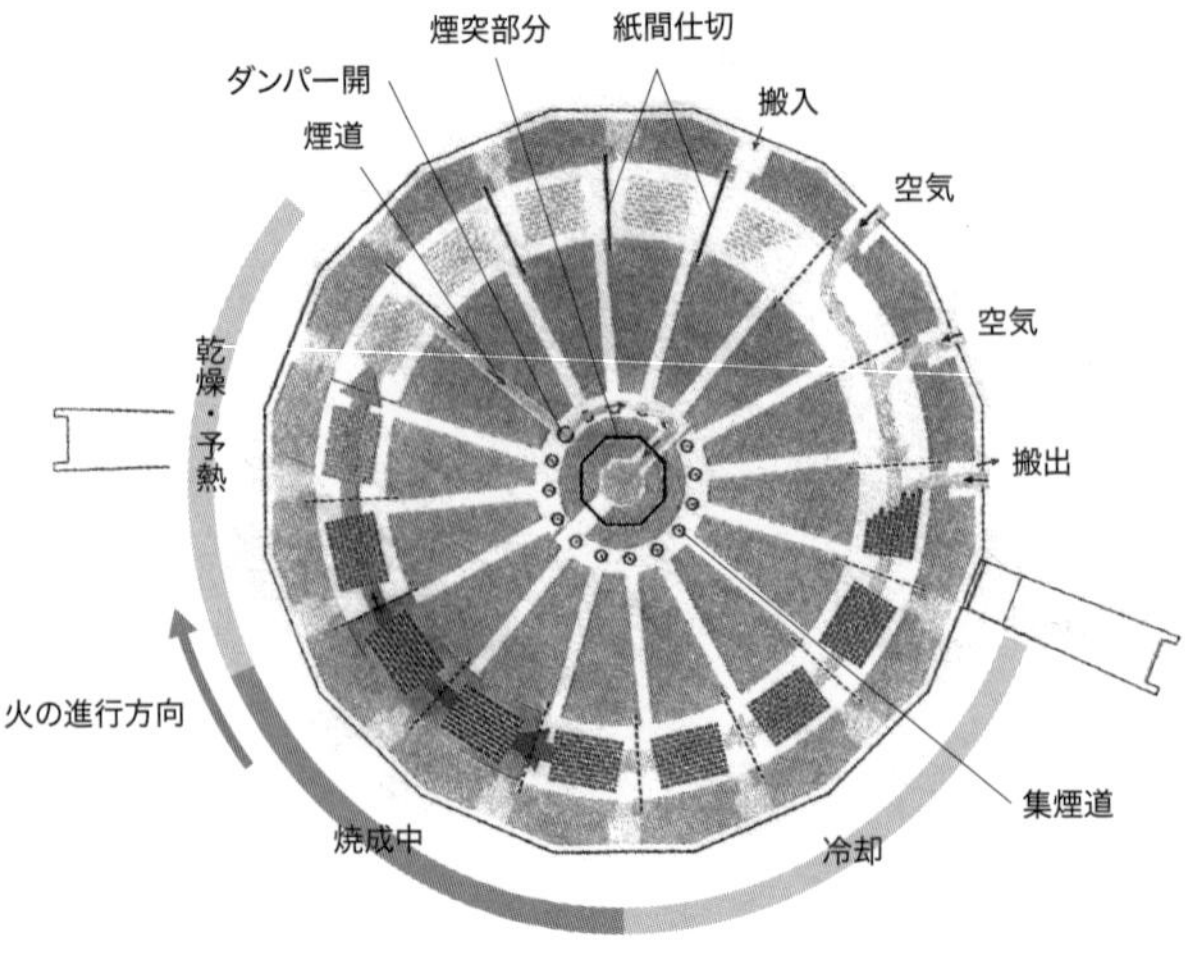
煙突部分
紙間仕切
ダンパー開
煙道
搬入
空気
空気
搬出
乾燥・予熱
火の進行方向
集煙道
焼成中
冷却

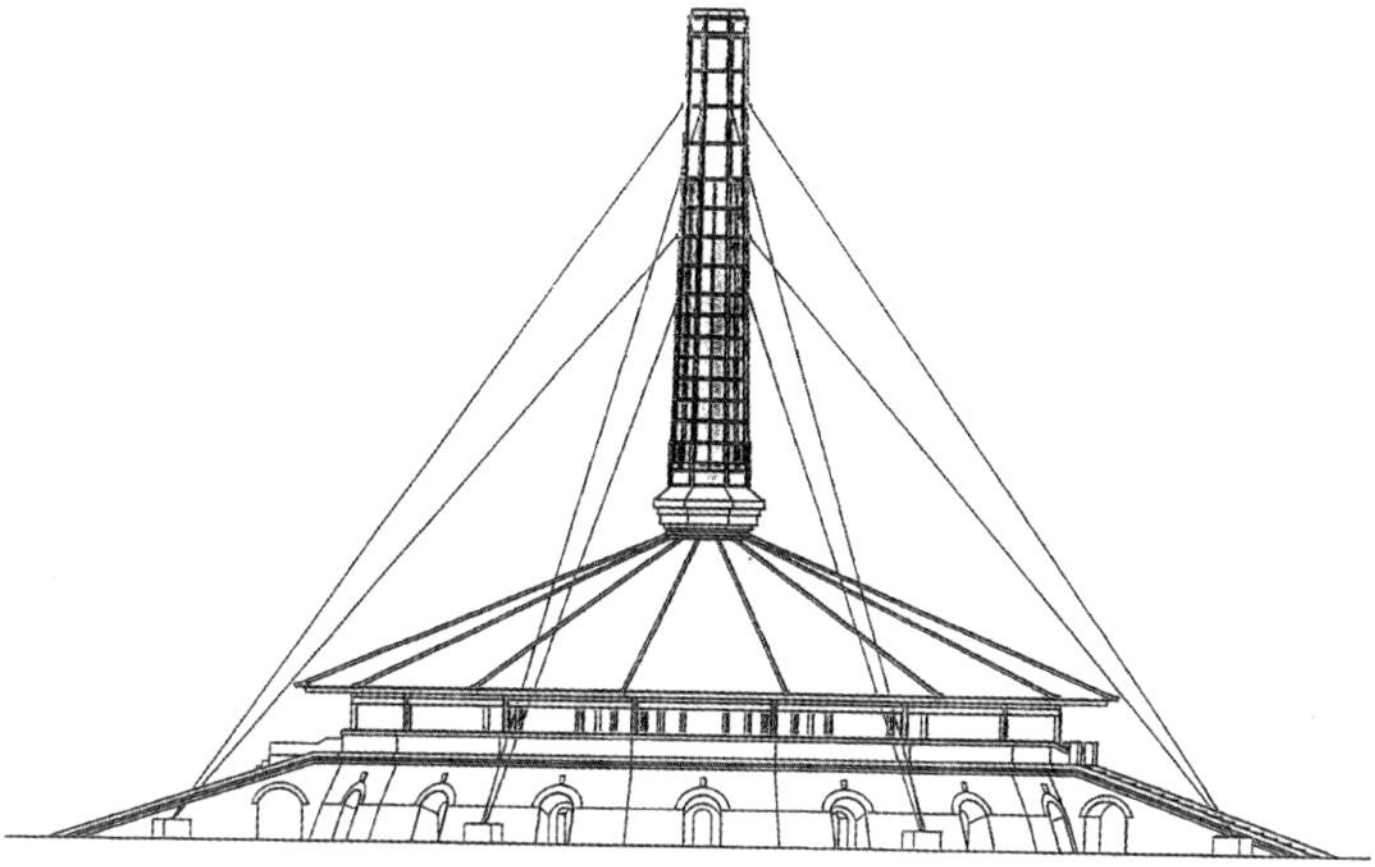

立面図

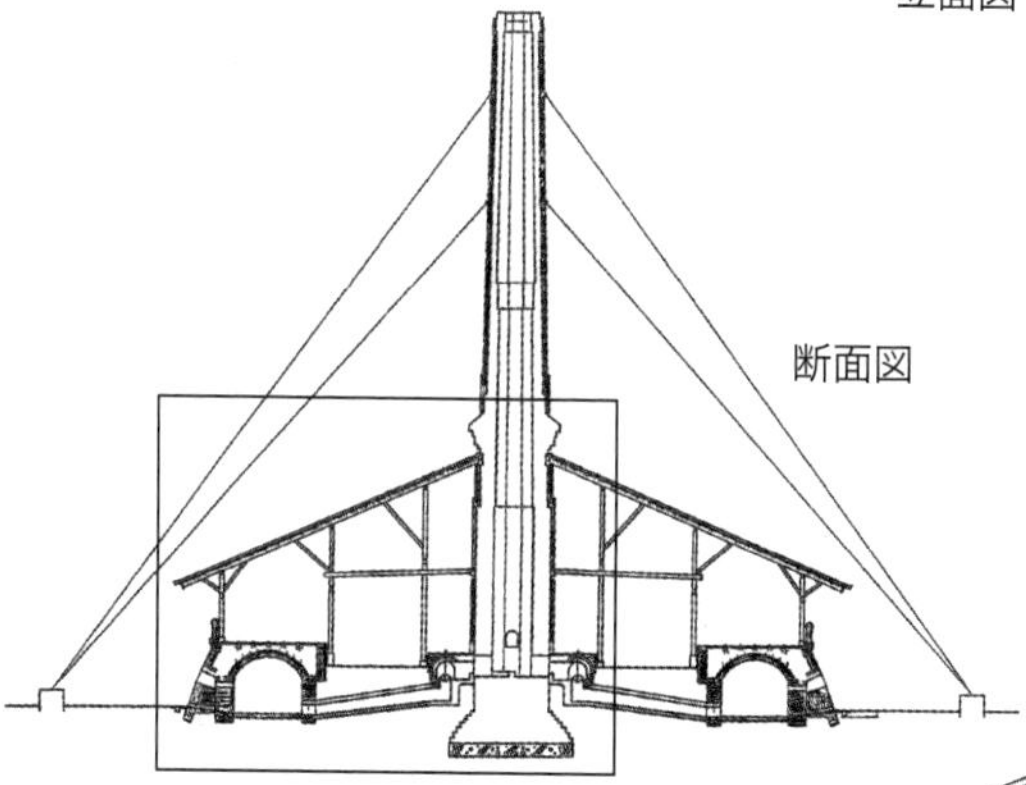

断面図

断面図

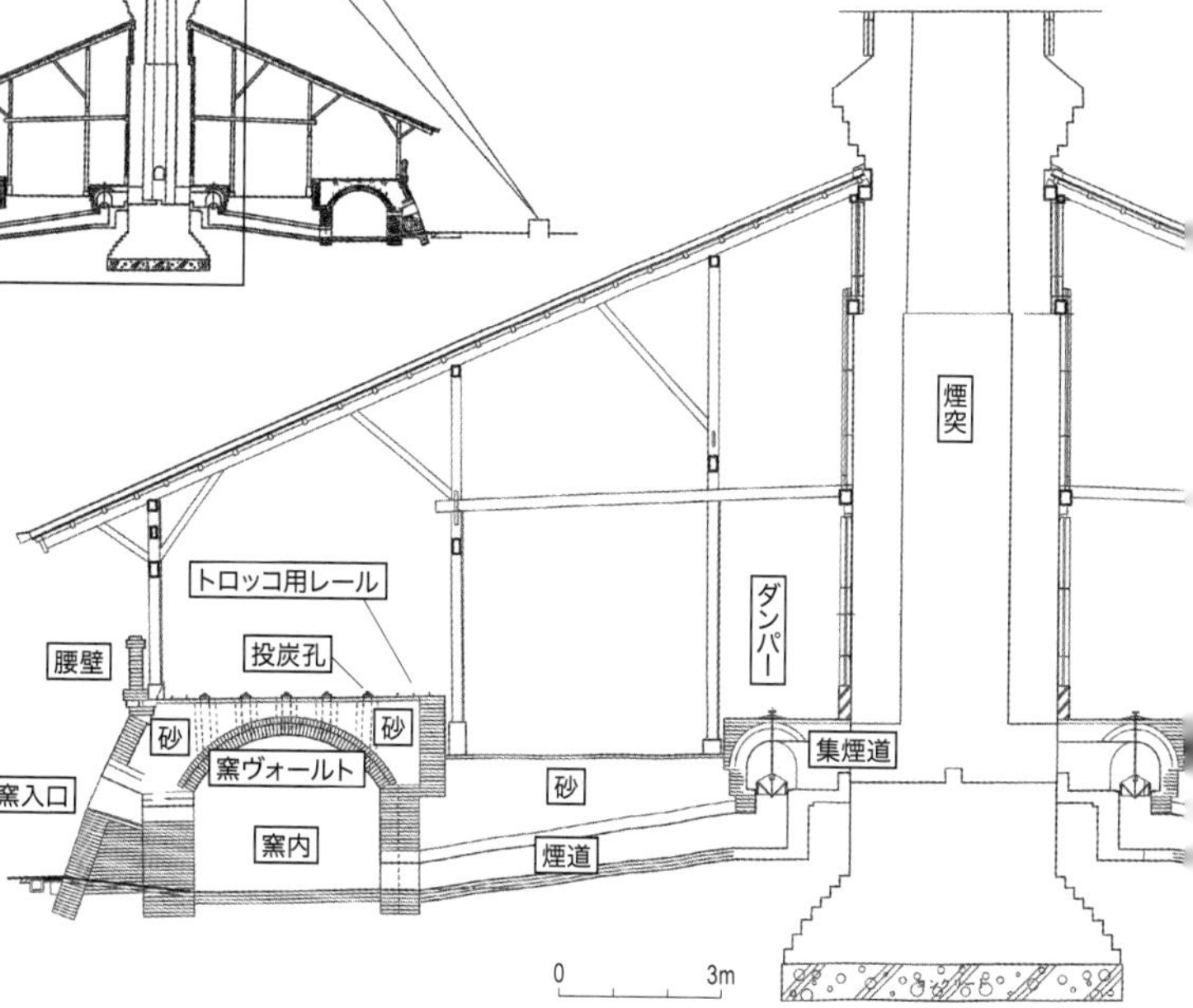

近代化遺産用語解説

山縣有朋別邸

■**アール・ヌーヴォー**（仏 Art Nouveau） 19世紀末から20世紀初頭にかけてヨーロッパ各地に流行した芸術様式。過去の様式を拒否し新しい装飾形式をつくろうとした動き。いずれも曲線形を多用して情感豊かな形式をつくり出したもので、スペインのA．ガウディの作品にも同様のデザインの傾向がみられる。ドイツ系ではユーゲントシュティールと呼ばれる。

宇都宮高校／栃木高校／安達呉服店／影澤医院

■**エンタブレチュア**（entablature） 柱によって支えられる水平材。西洋古典建築ではアーキトレーブ、フリーズ、コーニスの3部分よりなる。

■**ペディメント**（pedimento） ギリシャ・ローマ建築で、水平のコーニスと傾斜したレーキングコーニスとによって囲まれた三角形の切妻壁。その形が円弧形の場合は、櫛形ペディメントという。

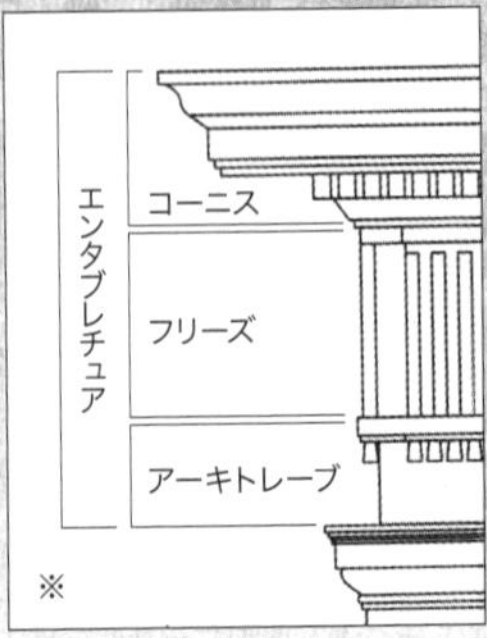

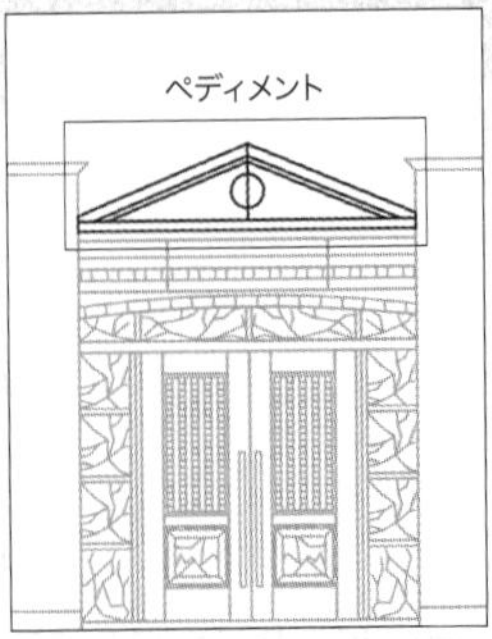

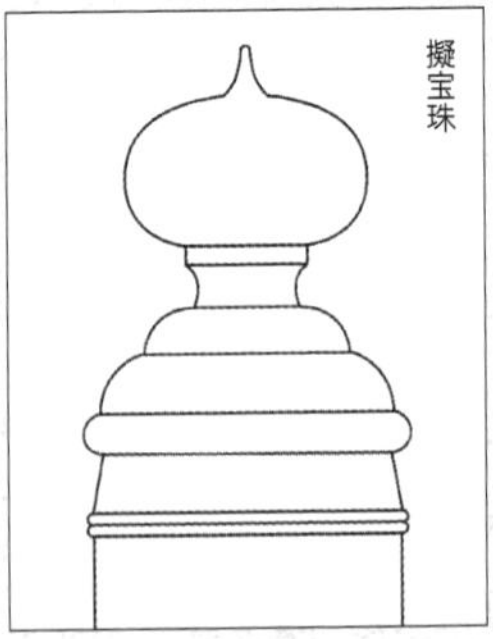

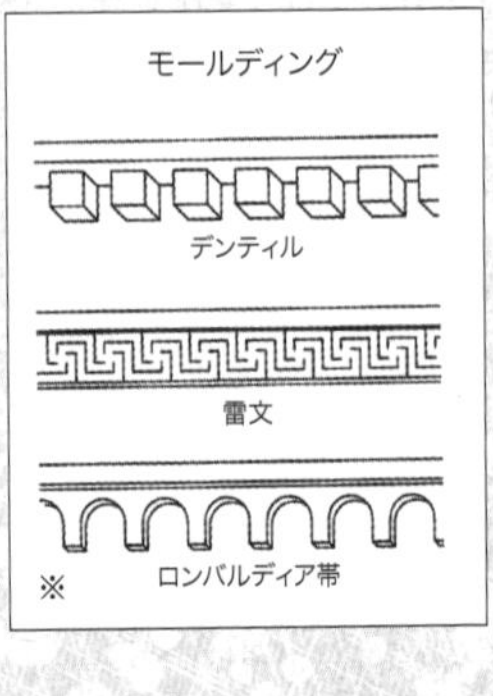

■**繰　形**（くりかた）（moulding） 輪郭曲線。仕上げにおいて凹んで刳ってつくられた特徴のある装飾的な形。

■**擬宝珠**（ぎぼし） 高欄、階、橋などの親柱の上部に付けられる宝珠形の装飾。

■**眉**（まゆ） 虹梁や破風板の下方で端の部分にある眉形の繰り形。

■**モールディング**（moulding） 建築、家具などに付けられる突出した帯状の装飾。

旧篠原家住宅

■**人見**（蔀）**梁**　近世の町屋において表に掛っている成の高い差し鴨居（胴差し）。かつて蔀戸が掛かっていたので蔀梁といわれた。

栃木県庁舎／大谷公会堂

■**ピラスター**（pilaster） 付け柱。柱形。片蓋柱。壁面より突き出した方形の柱。

■**バロック建築**（Baroque architecture） 1580頃～1790頃にかけてヨーロッパ広まった建築様式。バロックの語原は、ポルトガル語のバローコ（歪んだ真珠）といわれる。次代のロココの建築様式とは境界が曖昧で、そのため1730年以降の建築も後期バロックに含めて扱うことが多い。

■**ジャイアント・オーダー**（giant order）1階を基壇とし、2階から4階を一括して大オーダーとする柱形の形式。ミケランジェロは「バロックの父」と呼ばれるように、イタリアのバロック建築で先例を完成させた。

■**コンポジット風のオーダー**　佐藤のオリジナルの柱頭のデザイン。フルーティングと呼ばれる平縁のある縦溝が彫られ、渦巻きに囲まれたパルメットと茎の柱頭を持った装飾。アバクスには円に六弁の花びらが載る。

■**パルメット**（palmette）**文様**　棕梠の葉をモチーフにした左右対称の装飾文様。多くは連続模様として用いられる。

■**ジグザグ文様**（仏 シェヴロン）山形ないしジグザグ形の模様。2本の垂木を交差した形から出た語。

木幡小学校／駒橋歯科医院／横山郷土館

■**ハーフティンバー**（half timber）木造住宅建築の一様式で、柱、梁、斜材など骨組構造をそのまま外部に現し、壁体を石材、土壁、レンガで充填したもの。イギリスで1450~1659年頃盛んに行われた。ドイツやフランスでも、その例が見られる。

日光金谷ホテル（別館）

■**ピクチュアウインドウ**（picture window）アメリカやヨーロッパの住宅に用いられる窓形式。好ましい外の眺めを枠取りするため外壁に取り付けた特大の窓。多くは嵌殺し。

日光駅舎

■**ネオ・ルネサンス**（Neo Renaissance）19世紀におけるネオ・グリーク、ネオ・バロックなど歴史主義的動向のなかで、ルネサンス建築の復興を目指すもの。ゲルトナーやゼンパーなどの作品にその例が見られる。

日光物産

■**長　押**　長が押しの略。柱面に取り付けた長い化粧材。

■**蟻壁長押**　天井長押と内法長押の中間の長押。

日本聖公会日光真光教会

■**ゴシック建築**（Gothic architecture）ロマネスクとルネサンスの中間時期の建築様式。その構成要素は尖りアーチ、リブヴォールト、フライイングバットレスである。ゴシック建築の特徴は、これらの要素を総合して石造の教会堂を構造的に完成したところにある。この様式が生まれたのはパリを中心とするフランスの地域で、その後フランスではノートルダムなどの優れた大聖堂のの完成を見た。

■**シザーズ・トラス**（鋏組 seissors・truss）イギリスの小屋組の一種で、合掌の脚元からその向かい側の材の上半へ引っ張り材を交互に掛け渡したもの。

イタリア大使館

■**市　松**　文様の一つで黒と白、または同系色の濃淡2種の色を碁盤縞に並べたもの。

■**網　代**　「あ」は網の意「代」は網の代用で魚を捕る道具。「網代組み」ともいう。

安達呉服店（好古壱番館）

■**マンサード屋根**（mansard roof）
下部が急勾配なのに対して上部の勾配は緩い屋根。腰折れ屋根、フランス屋根ともいう。

足利銀行栃木支店（オールウェイズカマヤ）

■**トスカーナ式**（Tuscan order）
ローマ建築のオーダーの一つ。ベースを持ち、柱身はしばしばフルーティングを欠く。

木村淺七工場

■**ルネサンス建築**（Renaissance architecture）
15世紀～16世紀にかけてのルネサンス時代に、イタリアを中心に興った全ヨーロッパに広がった古典主義的建築。古代ローマ建築の荘重な様式を理想とし、アーチ・ウォールト構造、柱頭形式など建築各部の調和、均斉などを重んじ、前時代のゴシックの垂直性に対して水平線を強調するなどの特徴を持つ。

■**イオニア式オーダー**（Ionic order）
ギリシア建築の3オーダーの一つで、イオニア人によって始められたもの。柱にはベースがあり、普通24本のフルーティングの付いた柱身はドリス式に比べて細い。柱頭は渦巻形を形づくる。

足利織物会社（トチセン赤レンガ工場）

■**イギリス積み**（English bond）
煉瓦の積み方の一種で、段毎に小口面と長手面とが交互に現れる積み方。切りものが少なく経済的で、最も一般的に行われている積み方。

※　イオニア式オーダー

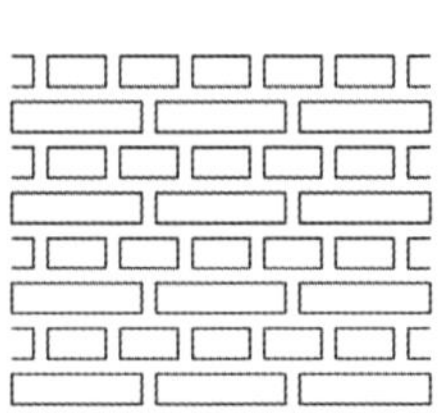

イギリス積み

長林寺

■**胴張り・エンタシス**（entasis）　頂部が底部より細くなっている円柱。

■**礎盤**　唐様（禅宗様）建築の柱下端と礎石との間に用いられた部分の一つ。柱とは枘（ほぞ）によって接続される。

■**花頭窓**　火灯形の窓縁を持った窓。

■**桟唐戸**　天竺様（大仏様）、唐様（禅宗様）の扉。框（かまち）の中に幅広の桟を縦横に組み、その間に鏡板や連子を入れたもの。鎌倉時代に宋から初めて伝来した。

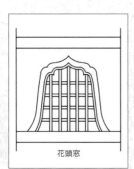

花頭窓

※図版出典：宮下潤也『看板建築図鑑』（大福書林　2019年）

栃木の近代化遺産一覧

県北地区

那須町（那須町）

建築名	建築年	設計者(施工者)	所在地	文化財
那須町民俗資料館／宮内省模型館	明治期	不詳	寺子丙3-13	—
山田農場事務所跡(山田資料館)	大正時代	不詳	寺子丙4-2	—
伊王野温泉神社本殿	大正13年	不詳	伊王野1443	町指定
那須温泉神社	昭和期	不詳	那須湯本183	—
旧黒田原郵便局	昭和7年	不詳	寺子乙3968	—
旧住友那須別邸	昭和12年	佐藤秀三(佐藤工務所)	湯本206	—
国鉄黒田原駅舎(JR東北本線黒田原駅舎)	昭和15年	不詳	寺子丙2	—

那須塩原市（旧黒磯市）

建築名	建築年	設計者(施工者)	所在地	文化財
高木商店　本店	明治16年	不詳	本町	—
青木周蔵那須別邸(旧青木家住宅)	明治21年	松ヶ﨑萬長(中島寅之助)	青木771-2	国重文
黒磯市農業試験場／旧藤田農場事務所	大正2年	不詳	埼玉9-5	—
黒磯銀行(高木会館)	大正7年	高木慶三郎(柳川善吉)	本町40-2	国登録
加登屋旅館　本館	大正8年	不詳	板室859	国登録
別館	昭和12年	不詳	板室859	国登録
悠仙閣	昭和27年	不詳	板室859	国登録
戸田農場事務所	大正11年	不詳	戸田2-1	—
金乗院奥の院地蔵堂	昭和2年	不詳	沼野田和539-2	市指定
藤田農場事務所公会堂(栃木県農場試験場黒磯分場研修展示館)	昭和9年	不詳	埼玉9-5	—

那須塩原市（旧塩原町）

建築名	建築年	設計者(施工者)	所在地	文化財文化財
旧塩原御用邸新御座所／旧三島別荘	明治17年	宮内省	下塩原1266-113	県指定
福渡温泉神社本殿	明治21年	不詳	下塩原244	市指定
塩原温泉清琴楼	明治30年	不詳	下塩原458	—
太古館	明治後期	鈴木恵一郎	下塩原353	—
明賀屋太古館	昭和8年	鈴木愿一郎	塩原	—

那須塩原市（旧西那須野町）

建築名	建築年	設計者(施工者)	所在地	文化財
観象台	明治11年	内務省地理寮	千本松	市指定
十善山雲照寺	明治20年	不詳	三区町659	—
乃木希典那須野旧宅／乃木別邸〈復元〉	明治25年	乃木希典	石林820	県指定
大山別邸　和館	明治35年	不詳	下永田	—
松茂山荘(松方別邸)	明治36年	不詳	千本松799	—
赤レンガ館／旧大山別邸門衛所	明治36年	不詳	下永田2-933	—
乃木神社本殿・拝殿	大正5年	大江新太郎	石林820	国登録
大山記念館(旧大山巖別邸)	明治44年	不詳	下永田4-3-52	県指定※洋館
大山元帥墓所・大山参道	大正5年	不詳	下永田1-2	—

大田原市（大田原市）

建築名	建築年	設計者（施工者）	所在地	文化財
観象台	明治11年	内務省地理寮	実取	—
国鉄野崎駅舎（ＪＲ東北本線野崎駅舎）	明治29年	不詳	薄葉2233-1	—
飯村印刷所／旧飯村活版所	大正6年	不詳	新富町2-1-25	—
佐藤電気商会	大正14年	不詳	住吉町1-2-21	—
大田原保健所	昭和13年	不詳	住吉町2-14-9	—

大田原市（旧黒羽町）

建築名	建築年	設計者（施工者）	所在地	文化財
黒羽銀行（足利銀行黒羽支店）	明治38年	（依田岩吉、荒井亀次郎他）	黒羽向町32	国登録
車田医院	昭和2年	不詳	黒羽向町142	—
丹野邸	昭和6年	自営（丹野建設）	黒羽田町601	—

大田原市（旧湯津上村）

建築名	建築年	設計者（施工者）	所在地	文化財
湯津上村役場	昭和5年	不詳	佐良土853	—

矢板市（旧矢板市）

建築名	建築年	設計者（施工者）	所在地	文化財
矢板武記念館	明治初期	不詳	本町15-3	市指定
山縣有朋別邸（山縣有朋記念館）	明治42年	伊東忠太	上伊佐野1022	県指定
山縣睦邸	昭和3年	不詳	上伊佐野1022	—
肥後朋友邸	昭和4年	平井（県土木技師）	平野311	—

さくら市（旧喜連川町）

建築名	建築年	設計者（施工者）	所在地	文化財
旧喜連川商工会館／旧喜連川警察署	明治15年	不詳	本町4366-4	—
笹屋呉服店別邸	大正10年頃	不詳	喜連川3900-1	—
ＪＡ喜連川支所／旧下野銀行	昭和3年	不詳	本町4355	—

さくら市（旧氏家町）

建築名	建築年	設計者（施工者）	所在地	文化財
小野家板倉	明治10年	柄木田権蔵	狭間田1658	—
旧手塚家板倉	明治10年	不詳	氏家1297	—
旧氏家町役場	明治26年	不詳	上阿久津1774-1	市指定
国鉄氏家駅舎・レンガ倉庫（JR東北本線氏家駅舎・レンガ倉庫）	明治30年	不詳	氏家2344-1	—
瀧澤家住宅　鐵竹堂	明治33年	不詳（櫻井仙吉）	櫻野1365	県指定
蔵座敷	明治20年	不詳	櫻野1365	県指定
土蔵	明治11年	不詳	櫻野1365	県指定
旧熟田村役場	明治41年	不詳（大嶋要吉）	上阿久津1774-1	市指定
菅俣家角寄せの倉	明治期	不詳	松山332	市指定

那珂川町（旧馬頭町）

建築名	建築年	設計者（施工者）	所在地	文化財
飯塚家住宅	明治40年頃	不詳	馬頭	国登録
和見小学校校舎	明治10年代	不詳	和見小倉1940	—
小口小学校校舎	明治36年	不詳	小口1191-2	—

県北地区

いわむらかずお絵本の丘美術館(マロニエ)	平成10年	野沢正光	小砂3097	—

那珂川町（旧小川町）

建築名	建築年	設計者(施工者)	所在地	文化財
白久神社本殿	明治4年再建	不詳	白久639	町指定
大日堂遍明院	明治17年	長谷川米吉	浄法寺882	町指定
那珂村役場(小川町郷土館)	大正2年	新亀屋(秋元留五郎)	小川2524-1	—

那須烏山市（旧烏山町）

建築名	建築年	設計者(施工者)	所在地	文化財
烏山和紙会館／旧烏山医院	大正12年	不詳	中央2-6-8	—
小森百貨店／旧小森呉服店	昭和8年	門叫武	中央2-10-8	—
烏山防空監視哨	昭和16年	不詳	筑紫山	—
東京動力機械製造株式会社地下工場跡(島崎酒造株式会社地下低温貯蔵庫)	昭和20年	不詳	神長字天神	—
神長砲弾貯蔵坑	昭和20年	不詳	神長治部内山	—

那須烏山市（旧南那須町）

建築名	建築年	設計者(施工者)	所在地	文化財
南那須町歴史民俗資料館／旧塩谷医院	明治初期	不詳	田野倉225	—
小倉町公民館／旧小倉青年倶楽部	大正5年	不詳	小倉19	—

高根沢町（旧高根沢町）

建築名	建築年	設計者(施工者)	所在地	文化財
高龗神社本殿	明治24年	不詳	大谷1074	町指定
高根沢幼稚園／旧阿久津町役場	大正13年	不詳	宝積寺2424	—

県央地区

宇都宮市（宇都宮市）

建築名	建築年	設計者(施工者)	所在地	文化財
戸祭配水場	大正5年	不詳	中戸祭町2841-2	国登録
第六接合井	大正4年	不詳	上金井町635-5	国登録
入江家住宅	不詳	不詳	徳次郎町1776	—
横松家石蔵	明治初期	不詳	川田町660	—
福嶋家住宅／旧石井町郵便局	明治初期	不詳	石井町2464	—
高橋家住宅	明治4年	不詳	西原1-5-27	—
小野口家長屋門他7棟	明治9年	不詳	田野町885	国登録
二荒山神社　本殿	明治10年	薄井秀吉(白井秀次郎　梶倉蔵 角倉仙吉 清水久太郎 大島宗七)	馬場通り1-1-1	県指定
拝殿	明治10年	薄井秀吉	馬場通り1-1-1	県指定
神楽殿	明治19年	不詳	馬場通り1-1-1	県指定
神門	大正4年	上田虎吉	馬場通り1-1-1	県指定
東廻廊	大正6年	不詳	馬場通り1-1-1	県指定
上野本家住宅　見世蔵	明治20～30年代	不詳	泉町6-30	市認定
文庫蔵	明治20～30年代	築工担任 丸山彦吉	泉町6-30	市認定
住居	明治20～30年代	不詳	泉町6-30	市認定
辰巳蔵	明治20～30年代	棟梁　黒崎喜三郎	泉町6-30	市認定
穀蔵	明治20～30年代	棟梁　黒崎喜三郎	泉町6-30	市認定
宇都宮高校旧本館(宇都宮高校記念館)	明治26年	文部省技官	滝の原3-5-70	国登録
旧篠原家住宅主屋・新蔵(重文)文庫蔵・石蔵(市文)	明治28年	不詳	今泉1-4-33	重／市

県央地区

県立農学校講堂(宇都宮白楊高校旧講堂)	明治36年	不詳	今泉2021	国登録
小林杢三郎商店	明治38年	不詳	桜2-1-25	—
屏風岩石材(渡辺家住宅) 石蔵(西蔵)	明治41年	渡辺陳平	大谷町1088	県指定
石蔵(東蔵)	明治45年	渡辺陳平(青木亀吉・小久保由三郎)	大谷町1088	県指定
宇都宮中央女子高校赤レンガ倉庫/旧歩兵第66連隊厨房棟	明治41年頃	陸軍省	若草2-2-46	国登録
愛隣幼稚園舎	明治44年	不詳	桜2-3-27	—
大久保石材離れ	大正10年頃	不詳	大谷町1314	—
大久保家離れ	大正12年頃	不詳	大谷町1132	—
宇都宮大学峰ヶ丘講堂	大正13年	吉田静(馬上組)	峰350	国登録
旧大谷公会堂	昭和4年	更田時蔵	大谷町1314	国登録
中村源平商店	昭和2年	不詳	西原1-5-30	—
東武南宇都宮駅	昭和6年頃	不詳	吉野2-8-23	—
カトリック松が峰教会	昭和7年	マックス・ヒンデル(宮内初太郎、安野半吾)	松ケ峰1-1-5	国登録
宇都宮聖公会宇都宮ヨハネ教会	昭和8年	上林敬吉(坪谷熊平)	桜2-3-27	市指定
竹沢邸	昭和9年	江面(大工)	大寛2-7-13	—
河内福祉事務所	昭和9年	不詳	本町1-35	—
山崎邸	昭和10年	河合粂吉	桜2-5-47	—
野口雨情旧居	昭和10年頃	不詳	鶴田1744	国登録
栃木県護国神社本殿・幣殿・拝殿	昭和13年・15年	二本松孝蔵(小杉辰吉)	陽西1-37	—
栃木県庁舎本館	昭和13年	佐藤功一(戸田組)	塙田1-1-20	—

上三川町 (旧上三川町)

建築名	建築年	設計者(施工者)	所在地	文化財
生沼家住宅	大正3年	不詳	上三川町4978	国登録

壬生町 (壬生町)

建築名	建築年	設計者(施工者)	所在地	文化財
東武国谷駅舎	昭和6年	不詳	壬生甲3780-8	—
旧佐藤工業本社	昭和8年	不詳	本丸1-7-23	—

県東地区

茂木町 (茂木町)

建築名	建築年	設計者(施工者)	所在地	文化財
見目家住宅 主屋	明治元年	不詳	北高岡	—
服部好男邸/旧郵便局	大正13年	大森茂	千本533-1	—
旧古田土雅堂邸	大正13年	シアーズ・ローバック社(弘光組)	茂木町1123	町指定
日本専売公社茂木工場管理棟(クラリオン株式会社事務所)	大正14年	矢橋賢吉	茂木1824	—
茂木町立木幡小学校	昭和10年	不詳	木幡252	—
大坪酒店	昭和17年	大坪一郎	大1737	—

市貝町 (市貝町)

建築名	建築年	設計者(施工者)	所在地	文化財
惣誉酒造店	不詳	不詳	上根539	—

芳賀町 (芳賀町)

建築名	建築年	設計者(施工者)	所在地	文化財
岡田家住宅 離れ	不詳	不詳	和泉2300	—
豊田家住宅 主屋	昭和7年	長野萬作	下延生	—

県東地区

益子町（益子町）

建築名	建築年	設計者（施工者）	所在地	文化財
益子参考館　上台	江戸末期	不詳	益子3388	県指定
大谷石蔵２棟	大正3年	不詳	益子3388	—
細工場・長屋門	昭和期	不詳	益子3388	—
松原製材所事務所	不詳	不詳	益子1067	—
妙伝寺山門	明治41年	加藤伊之	山本724	町指定
南間ホテル別館（ましこ悠和館）	昭和4年	南間久吉	益子4264-8	国登録※
日下田邸／染色工房	昭和8年	不詳	益子2943	県指定
旧濱田庄司客間	昭和17年	不詳	益子3021	—

真岡市（真岡市）

建築名	建築年	設計者（施工者）	所在地	文化財
旧清風荘	不詳	不詳	台町4289	—
柴家薬医門	明治初期	不詳	若旅656	市登録
高松家長屋門	明治4年	不詳	道祖土25	市登録
岡部記念館（金鈴荘）	明治28年	不詳	荒町2162/2096-1	県指定
旧下野紡績所	明治28年	不詳	台町2481	市登録
真岡高校記念館（旧真岡中学校講堂）	明治36年	不詳	白布ヶ丘24-1	国登録
大関歯科医院	昭和初期	不詳	荒町2140	—
大内資料館（旧大内村役場）	昭和4年	更田時蔵	飯貝478	市登録
飯塚晃東邸	昭和4年	不詳	荒町1156	—
久保講堂（旧真岡小学校講堂）	昭和13年	遠藤新	田町1345-1	国登録

県西地区

日光市（旧日光市）

建築名	建築年	設計者（施工者）	所在地	文化財
フランス大使館別荘	不詳	不詳	中宮祠2482	—
ベルギー大使館別荘	不詳	不詳	中宮祠2482	—
イギリス大使館別荘	不詳	不詳	中宮祠無番地	—
三ツ山羊羹店	不詳	不詳	中鉢石町914	—
日光山輪王寺本坊寺務所（日光御用邸）	明治23年	不詳	山内2300	—
日光金谷ホテル　本館	明治26年	不詳	上鉢石町1300	国登録
新館	明治34年	不詳	上鉢石町1300	国登録
別館	昭和10年	久米権九郎	上鉢石町1300	国登録
観覧亭（竜宮）	大正10年	不詳	上鉢石町1300	国登録
展望閣	大正10年	不詳	上鉢石町1300	国登録
日光田母澤御用邸（日光田母澤御用邸記念公園）	明治32年他	宮内省内匠寮 ほか	本町8-27	国重文
古河鉱業会社日光電気精銅所（古河電気工業株式会社日光事業所）	明治37年他	不詳	清滝町500	—
足尾銅山細尾発電所（古河機械金属㈱細尾第一発電所）	明治39年	不詳	細尾町273	—
古河金属日光電気精銅所／旧古河鉱山日光電気精銅所	明治39年	不詳	清滝500	—
日光第一発電所／旧下野電力含満ケ淵発電所	明治42年	不詳	匠町2482	—
ホーン邸（レストラン明治の館）	明治末期	不詳（相ヶ瀬森次）	山内115	国登録
日光物産商会	明治末期〜大正初期	不詳	上鉢石町1024	国登録
国鉄日光駅舎（JR日光線日光駅舎）	大正元年	不詳（大宮組）	相生町115	—

中禅寺本堂	大正2年	不詳	中宮祠	—
日光真光教会礼拝堂	大正3年	J.M.ガーディナー	本町1-6	県指定
日光市庁舎(旧大名ホテル)	大正5年	不詳	中鉢石町999	国登録
東照宮旧社務所	昭和3年	田中宗次郎	山内	—
旧イタリア大使館別荘(イタリア大使館別荘記念公園本邸)	昭和3年	アントニン・レイモンド	中宮祠2484	国登録
華厳滝エレベーター駅舎	昭和5年	小林福太郎	中宮祠2479	—
二荒山神社神橋受付所／旧上鉢石派出所	昭和5年	不詳	上鉢石町1112	—
イーストマン邸／旧トレットソン邸	昭和6年	アントニン・レイモンド	山内2330	—
日光東照宮武徳殿	昭和6年改修	大江新太郎	山内2301	国登録
奈良屋	昭和8年	高山設計	上鉢石町1039	—
二荒山神社本社社務所	昭和9年	不詳	山内2301	—
二荒山神社中宮祠　社務所	昭和11年	不詳	山内2307	—
北岳南湖閣	文久2年	不詳	山内2307	—
神楽殿	昭和11年	不詳	山内2307	—
八脚門	昭和11年	不詳	山内2307	—

日光市（旧今市市）

建築名	建築年	設計者(施工者)	所在地	文化財
報徳今市振興会館／旧加藤武男邸	不詳(1955)	不詳	今市市507-5(移築)	—
二宮神社	明治30年	不詳	今市市743	—
水車小屋	明治期(数回改修)	不詳	大室	—
宇都宮市水道資料館(旧今市浄水場管理事務所)	大正3年	不詳	瀬川1334-1	国登録
今市小学校講堂	昭和3年	不詳	春日531	—
旧東武下小代駅駅舎	昭和4年	不詳	下小代330-1	国登録

日光市（旧足尾町）

建築名	建築年	設計者(施工者)	所在地	文化財
古河橋	明治23年	不詳	赤倉	国重文
本山鉱山神社本殿	不詳	不詳	本山5277	市指定
間藤水力発電所跡	明治23年	不詳	上間藤	市指定
古河掛水倶楽部　旧館	明治32年頃	不詳	掛水	国登録
新館	大正元年	不詳	掛水	国登録
足尾銅山掛水重役役宅	明治40年・大正3年	古河鉱業	掛水	県指定
足尾キリスト教会(福音伝道教団 足尾キリスト教会)	明治41年	不詳	赤沢	国登録
宇都野火薬庫跡	明治42年頃	不詳	花柄	国指定
古河鉱業間藤工場(工作課)(足尾製作所足尾工場)	明治末期	不詳	下間藤	—
足尾銅山電話資料館(旧足尾銅山電話交換所)	大正年間頃	不詳	掛水	国登録
中才特別市営住宅(旧足尾銅山中才鉱山住宅)	大正元年	不詳	中才	—
わたらせ渓谷鐵道通洞駅舎	大正元年	不詳	通洞	国登録
古河鉱業社宅群　上の平	大正6年以降	古河鉱業	上の平	—
分析試験場主屋(足尾製錬所製錬部分析課主屋)	大正5年	不詳	間藤	—
通洞変圧所(通洞変電所)	昭和初期	不詳	中才	—
わたらせ渓谷鐵道足尾駅舎	大正4年	不詳	掛水6-3	国登録
旧本山小学校講堂	昭和15年	不詳	上間藤16-1	国登録

県西地区

鹿沼市（鹿沼市）

建築名	建築年	設計者（施工者）	所在地	文化財
古峯神社	不詳	不詳	草久3027	—
神谷満家住宅	明治中期頃	不詳	草久854	—
下野麻紡織会社（帝国製麻株式会社）工場（帝国繊維株式会社鹿沼工場）	明治22年	ワルケル社他	府中本町、睦町	—
岡部家住宅	明治27年	不詳	野沢333	—
大谷好美館（大谷家洋館）	明治37年	不詳	今宮町1610	国登録
高橋医院	大正12年	高橋勝（大工）	上田町1883	—
駒橋歯科医院	大正14年	駒場寅春	今宮町1608	国登録
イルフ館／旧宍戸邸／旧中半電気商会	昭和4年	不詳	銀座町2-1866	—
岡島邸／旧国産製麻事務所	昭和10年	不詳	朝日町1944-3	—
鹿沼市立北小学校／旧鹿沼尋常小学校	昭和10年	不詳	泉町2457	—
梁島邸	昭和12年	不詳	朝日町1142	—

鹿沼市（旧粟野町）

建築名	建築年	設計者（施工者）	所在地	文化財
福田家見世蔵及び洋館	不詳	不詳	口粟野883	—
口粟野防空監視哨	昭和16年	不詳	口粟野（城山公園）	—

県南地区

栃木市

建築名	建築年	設計者（施工者）	所在地	文化財
古久磯提灯店見世蔵	弘化2年上棟	不詳	万町7-1	県指定
下野新聞社栃木支局	文久元年	鈴木七右衛門	万町7-5	国登録
綿忠はきもの店店舗	安政3年	不詳	万町4-1	国登録
旧中田家住宅店店舗	江戸末期	不詳	倭町6-21	国登録
山本有三ふるさと記念館	明治初期	不詳	万町5-3	国登録
大二商店店舗	明治初期	不詳	万町4-3	国登録
旧佐藤家住宅店舗	明治中期	不詳	倭町14-2	国登録
五十畑荒物店店舗	明治中期	不詳	倭町11-4	国登録
浅野病院（石井医院）	明治中期	不詳	泉町	—
雅秀店舗	明治後期	不詳	倭町3-2	国登録
丸三家具店店舗	明治後期	不詳	倭町10-3	国登録
旧栃木県官舎（小根澤家長屋）	明治6年	不詳	入舟町8-22	国登録
安田銀行（安田商店）栃木支店（佐藤外科医院）	明治9年	不詳	旭町22-2	—
太平山神社　本殿	明治14年	不詳	平井町659	市指定
拝殿	明治9年	不詳	平井町659	市指定
大島肥料店見世蔵	明治15年	不詳	大町2-6	国登録
神明宮　本殿	明治16年	不詳（竹澤嘉平）	旭町26-3	市指定
拝殿（旧栃木県神道中教院講堂）	明治8年	不詳	旭町26-3	市指定
成田山不動尊雲龍寺不動堂（本堂）	明治23年	不詳（竹澤嘉平正利）	泉町18-8	—
栃木高校記念館（旧栃木中学校本館）	明治29年	不詳	入舟町12-4	国登録
栃木高校講堂	明治43年	不詳	入舟町12-4	国登録
栃木高校記念図書館	大正3年	不詳	入舟町12-4	国登録
連祥院本堂（六角堂）	明治38年	不詳（牧田瀧蔵）	平井町643	市指定

栃木市観光協会(旧田村家見世蔵)	明治38年	不詳	万町340-8	市指定
毛塚紙店店舗	明治41年	不詳	倭町10-3	国登録
塚田歴史伝説館旧主屋他8棟	明治32年他	不詳	倭町2-16	国登録
横山郷土館　文庫蔵	明治43年	不詳	入舟町2-16	国登録
麻蔵	明治42年	不詳	入舟町2-16	国登録
離れ	大正時代	不詳	入舟町2-16	国登録
栃木武徳殿	明治44年	不詳	万町25-16	—
旧斎藤達郎邸	大正初期	堀江某	万町2-18	—
栃木病院	大正2年	不詳	万町13-13	国登録
岡本医院／旧大和田眼科医院	大正6年	不詳	湊町2-14	国登録
栃木市役所別館(旧栃木町役場庁舎)	大正10年	堀井寅吉	入舟町7-31	国登録
関根家住宅店舗	大正11年	不詳	倭町11-4	国登録
安達呉服店店舗(好古壱番館)	大正12年	不詳	万町4-2	国登録
岡田家住宅翁島別邸主屋・土蔵	大正13年	不詳	小平町1-23	国登録
旧永山家住宅	大正13年	永山繁次郎	室町6-11	—
柏戸医院	昭和元年	不詳	河合町8-18	—
中西医院	昭和3年	不詳	尻内641	—
国鉄栃木駅舎(ＪＲ両毛線栃木駅舎)	昭和3年	不詳	河合町1-1	—
下都賀酒造協同組合事務所(栃木県酒造組合栃木支部)	昭和4年	不詳	万町25-16	国登録
東武新栃木駅舎	昭和4年	横山定吉	平柳町1-8-18	—
大橋家店舗／旧上野香礎邸	昭和5年	不詳	湊町8-6	—
旧金平商店	昭和7年	不詳	泉町2-32	—
旧岡安医院	昭和7年	大塚勝見	入舟町15-3	—
横倉邸	昭和9年	島影信義	錦町11-5	—
足利銀行栃木支店	昭和9年	小川建設	万町15-25	国登録

栃木市（旧西方町）

建築名	建築年	設計者(施工者)	所在地	文化財
愛宕神社	不詳	不詳	金崎377	—
石川家住宅／旧郵便局	江戸末期	不詳	金崎738-1	—
若林家住宅	明治初期	不詳	真名子822-1	—
東武金崎駅舎	昭和4年	不詳	金崎243-2	—

栃木市（旧岩舟町）

建築名	建築年	設計者(施工者)	所在地	文化財
川島石材問屋事務所(岩舟石の資料館)	昭和7年	川島定四郎	鷲巣500-15	—
旧小野寺北小学校(岩舟町小野寺研究所)	昭和27年	不詳	小野寺2126	—

栃木市（旧大平町）

建築名	建築年	設計者(施工者)	所在地	文化財
大平下病院	不詳	不詳	富田1665	—
五月女医院	不詳	不詳	富田1655	—

栃木市（旧藤岡町）

建築名	建築年	設計者(施工者)	所在地	文化財
高瀬家住宅・土蔵	不詳	不詳	部屋1112	—

田口家住宅	不詳	不詳	藤岡3656	—
神崎電気商会／旧足利銀行藤岡支店	不詳	不詳	藤岡1343	—

下野市（旧石橋町）

建築名	建築年	設計者（施工者）	所在地	文化財
戸田家住宅	明治20年代	浜野長吉	石橋429	—
木村医院	大正初期	角田（大工）	石橋420	—

小山市（小山市）

建築名	建築年	設計者（施工者）	所在地	文化財
岸家住宅	不詳	不詳	下国府塚710	市指定
小山市文書館庁舎・石蔵	昭和5年	不詳	八幡町2-4-24	国登録
小川家住宅	明治・大正	不詳	乙女3-10-34	国登録
八百忠商店	明治初期	不詳	中央3-5-3	—
小山市間中地区の養蚕農家群	明治36年	不詳	間中	—
小豆畑歯科医院	明治45年	不詳	間々田1138	—
栃木県知事官邸（小黒家）	大正初期	不詳	東城南4-17-1	—
小山送信所局舎（KDDI株式会社国際通信史料館）	昭和5年	不詳	神鳥谷1828-4	—
日本基督教会小山教会	昭和10年	不詳	宮本3-1-25	—

佐野市（佐野市）

建築名	建築年	設計者（施工者）	所在地	文化財
田中正造旧宅	明治中期	不詳	小中町975-2	県指定
小沼呉服店	明治初期	不詳	本町2894	—
太田家住宅　見世蔵兼主屋	明治8年頃	不詳	大和町2582	—
中蔵	—	不詳	大和町2582	—
石門・石塀	昭和10年代頃	不詳	大和町2582	—
東光寺中門	明治9年	不詳	寺中町2337	市指定
山崎家住宅	明治9年	不詳	鐙塚町247	—
太田家住宅・店舗	明治中期	不詳	大和町2585	—
唐澤山神社　本殿	明治41年	不詳	富士町1409	—
拝殿	明治42年	不詳	富士町1409	—
神門	明治42～43年	不詳	富士町1409	—
南城館	明治25年	不詳	富士町1409	—
旧影澤医院	明治44年	不詳	金屋仲町2472	国登録
永島鋳物工場（佐野鋳造所）	明治末期	永島某	金屋仲町2480	—
秋田輸出織物（天明紡績）	大正年間	不詳	赤坂町165	—
江州屋	大正年間	不詳	並木町470	—
小島家住宅	昭和2年	小川組	大和町2590	—
道山整形外科医院	昭和5年	不詳	朝日町702	—
寺岡糸店　店舗・主屋	昭和9年	福田唯二	天明町2703	国登録
日本キリスト教団佐野教会	昭和9年	佐藤功一	金屋仲町2431	国登録

佐野市（旧葛生町）

建築名	建築年	設計者（施工者）	所在地	文化財
吉沢兵左家住宅	明治期	不詳	中央東1-13-7	—

吉沢浅一家住宅	明治期	不詳	中央東1-12-7	—
吉澤家住宅	明治期	不詳	葛生東1-2629	—
亀山寧夫家住宅	明治期	不詳	秋山851	—
宮田石灰株式会社	大正6年	不詳	中央東1-5-29	—
東武鉄道葛生駅	昭和3年	不詳	中央1-1-5	—
旧葛生郵便局（吉澤家住宅）	昭和9年	不詳	葛生東1-12-5	—

佐野市（旧田沼町）

建築名	建築年	設計者（施工者）	所在地	文化財
山口統喜家住宅／旧医院	明治期	不詳	田沼1401	—
三好尋常高等小学校（佐野市郷土資料保存三好館）	明治44年	不詳	岩崎1325-1	市指定

足利市

建築名	建築年	設計者（施工者）	所在地	文化財
堀江家住宅	明治初期	不詳	月谷町474	—
物外軒茶室	明治初年	不詳	通6-3165	市指定
足利・梁田郡役所（巴町自治会館）	明治中期	不詳	巴町2542	—
旧木村輸出織物工場	明治25年	小野惣平（工匠）	助戸仲町453-2	県指定
荻野家住宅　主屋	明治25年	棟梁　小林利助	通3-3545	国登録
足利模範撚糸工場（アンタレススポーツクラブ）	明治36年	不詳	田中町906-13	国登録
東武福居駅舎	明治40年	不詳	福居町637	—
木村淺七工場事務所棟（足利織物記念館）	明治44年	菅本（不詳）	助戸仲町413	県指定
ユニイースト工場／旧山保毛織工場	明治末期	不詳	今福町570	—
足利織物株式会社（トチセン工場）	大正2年	不詳	福居町1143	国登録
足利学校遺蹟図書館	大正4年	星野男三郎（星野工業事務所）	昌平町2338	市指定
旧中村酒造　中蔵	大正5年	山本政吉	駒場町758	—
本蔵	昭和12年	不詳	駒場町758	—
前蔵	大正12年	山本政吉	駒場町758	—
足利織物上買場	大正7年	不詳	通5-3429	—
小俣郵便局舎（喜多家住宅）	大正12年	不詳	小俣町414	—
小沼家住宅	大正12年	不詳	通2-2625	—
松村家住宅（松村記念館）	大正14年	不詳	大門通2380	国登録
共益会館	昭和2年	（小川組）	通2-3520-5	—
谷医院	昭和3年	小野光雄	通5-3206	—
長林寺　本堂・開山堂	昭和4年	小林福太郎（小川組）	西宮町2884	国登録
緑町配水場水道山記念館	昭和5年	不詳	緑町1-3780-1	国登録
今福浄水場ポンプ室	昭和5年	不詳	今福町545	国登録
通産省桐生繊維製品検査所足利支所	昭和5年	小川組	通3-7584	—
旧富永公園　金剛閣　金剛荘	昭和5年	不詳	助戸3-1805	—
足利盲学校（相生幼稚園）	昭和6年	不詳	相生町3851	—
福寿軒食堂	昭和7年	遠藤某	通3-2784	—
旧国鉄足利駅舎	昭和8年	不詳	伊勢町1-118	—
相州楼	昭和10年	小川組	通5-3208	—

県南地区

足利西農協三和支所	昭和11年	下川知雄	松田町441	—
旧岡崎家住宅(成岡邸)	昭和11年	小川組	通3-2763	—
山辺小学校講堂	昭和12年	不詳	八幡町386	—
織姫神社　社殿	昭和12年	小林福太郎(小川組)	西宮町3889	国登録
増田家住宅　主屋　織物工場	昭和14年	近藤治六郎	板倉町623	—

野木町（野木町）

建築名	建築年	設計者(施工者)	所在地	文化財
下野煉化製造会社煉瓦窯(株式会社シモレン煉瓦窯)	明治23年	不詳	野木3324	国重文
旧新井製糸所	明治中・後期	不詳	野渡328	国登録
旧野木町役場	昭和7年	荒蒔設計	友沼4930-1	—
武道館／旧野木中学校講堂	昭和11年	不詳	丸林571	—

おわりに

「栃木の近代化遺産」を集大成した本を刊行したいと思った。しかしいろいろな制約から潰えた。市田登氏という強力な支援を受けながら、私の力不足がありました。不本意でもある。

「栃木の近代化遺産」の本を持ってあるくに重すぎるし、出版社が付けてくれたタイトルは「ウォーキングガイド近代建築だった」。それでも良いと思ったが「遺産」だけは外したくなかった。建築は文化遺産である。前代の人が残した技術遺産でもある。そうした意味を伝えたかった。

巻末のリストの充実も図りたかったが、市町の合併などもあって思うようにすすめなかった。

今回、先の『栃木県の近代化遺産』（平成一五年三月発行）は何もわからずに調査委員会に名を連ねたが、新たに編集に加わった『栃木県の近代和風建築』（平成三〇〈二〇一八〉年三月）は各戸を訪問し丹念に調査した。それは調査委員長（河東義之氏）が「いい加減な調査報告書はつくれない」という思いがあったからだ。これにも協力できずに深く反省している。

『栃木県の近代化遺産』、『栃木県の近代和風建築』では、個々の建物の記述を参考にさせて頂き、図面についても一部借用させて頂いた。また歴史的事実については引用もした。いちいちお断りしなかったが謝してお許し願いたい。

いつも本の出版に際して「今度こそ、充実した本を！」という意気込みがあったが、結局空振りに終わってしまった面があった。それは年齢のせいかもしれない。市田さんには申し訳ないと思っている。

とにかくいろいろの方に御世話になりました。リストを整理してくれた市田雅英氏、写真を撮影してくれた水戸辺恵子氏、何よりも出版に深く関わってくれた随想舎の卯木伸男氏に深甚の感謝を込めてお礼を申し上げます。

岡田 義治

幕末より昭和初期にかけて、栃木県の近代化に大きく関わってきた歴史的価値のある建造物・建築物をとらえ、写真と文とでまとめたガイドブックであり、広い意味での「栃木の近代化遺産」と評価できるのではないかと思う。「遺産」と聞くと建築物では、お城や法隆寺の五重塔を連想する人も多いと思う。しかし遺産の前に近代化がつくことで、歴史的に見ても、身近で懐かしさを感じると言えるのではないか。

歴史をひも解いてみると、そこにはロマンあふれる世界が広がっている。近代化遺産には単なる遺物ではなく、不思議な魅力と力強さがある。またその地域に住む人々の営みを示す歴史的遺産として捉え街づくりに活用してほしいと思う。そういう意味でも遺物を単に伝承するのではなく、後世に残す意味でも目に見える形で残してほしいと思う。また近代化遺産を文化庁が重要文化財として位置づけ始めた事も意義は大きい。ぜひ、次世代を担う人々に向けてのメッセージや未来の伝言になれば幸いである。

この度の出版にあたり、栃木県の建築の第一人者である恩師の岡田義治先生と共著できたことに対し、大変感謝を申し上げます。また卯木伸男氏はじめ編集部の皆様のご協力に対し厚く御礼申し上げます。

市田 登

岡《おか》田《だ》義《よし》治《はる》　博士（工学）（1999）　一級建築士（1972）

［学　歴］　1944（昭和19）　宇都宮に生れる
1963（昭和38）　栃木県立宇都宮工業高等学校建築科卒業
1963（昭和38）～1970（昭和45）　清水建設株式会社建築部勤務
1967（昭和42）　名城大学第二理工学部建築科卒業
1970（昭和45）～2003（平成15）　栃木県公立学校教員　　県立宇都宮工高ほか勤務
1978（昭和53）　早稲田大学大学院（内地留学）
1999（平成11）　工学院大学大学院工学研究科建築学専攻博士課程修了
2002（平成14）　栃木県立足利工業高校長　　2003（平成15）県立宇都宮工業高校長
2004（平成16）～2011（平成23）　日建工科専門学校長　　2012～2013同校特別顧問

［団体歴］　1986（昭和61）～2001（平成13）　栃木県建築士審査会委員
2001（平成13）～2015（平成27）　栃木県建築審査会委員
1995（平成7）～2015（平成27）　宇都宮市建築審査会委員
2008（平成20）～2019（平成31）　陽光地区今宮2丁目自治会長
文化財審議会委員　小山市／2000（平成12）～現在　　宇都宮市／2006（平成18）～現在
野木町／2007（平成19）～現在　　鹿沼市／2009（平成21）～現在
さくら市／2009（平成21）～現在
2002～2014（平成14～平成26）　社団法人 栃木県建築士会々長
2015～（平成27～）　社団法人 栃木県建築士会 名誉会長
2008～2009（平成20～平成21）　公益社団法人 日本建築士会連合会副会長
2009～2019（平成21～現在）　公益社団法人 日本建築士会連合会・会誌「建築士」編集委員長

［表　彰］　1997（平成9）　日本建築士会連合会 業績賞
2014（平成26）　栃木県文化功労者表彰
2019（令和元）　国土交通大臣表彰（都市計画法・建築基準法制定100周年記念式典表彰）

［著　書］　『栃木の近代建築』（共著）1981 栃木県建築研究会
『栃木の建築文化　カトリック松ヶ峯教会』 1986（社）日本建築学会関東支部栃木支所
『栃木の建築文化　青木周蔵那須別邸　―青木周蔵と松ヶ﨑萬長―』
1995（社）日本建築学会関東支部栃木支所長
『青木農場と青木周蔵那須別邸』（共著）　2001 随想舎

市《いち》田《た》　登《のぼる》　博士（工学）（2013）　一級建築士（1982）

1952年栃木県鹿沼市生まれ。東京理科大学大学院工学部建築学修士課程修了・宇都宮大学大学院博士課程修了。博士（工学）、一級建築士。㈱アガ設計工業取締役会長・㈱アーリス取締役会長。栃木県建築士事務所協会理事・建築士会鹿沼支部理事・日本建築学会会員・日本建築家協会会員・現在鹿沼市議会議員二期目。栃木県の風土や気候に合わせ住宅に応用し、数多くの住宅などを設計，施工を手掛け、とちぎ県産材木造住宅コンクールに於いて、最優秀賞受賞・栃木県建築士事務所協会主催のAP展に於いて、協会長賞などの受賞。主な著書に、『車椅子使用者の斜路及び段差移動動作における筋負担による評価』・『地域コミュニティによる高齢者の見守り体制構築』・『金谷ホテル歴史館、金谷侍屋敷』などがある。

栃木の近代化遺産を歩く

―― 建築に見る明治・大正・昭和 ――

2020年4月24日　第1刷発行

編著　岡田義治／市田登

発行　有限会社 随想舎

〒320-0033 栃木県宇都宮市本町10-3 TSビル
TEL 028-616-6605　FAX 028-616-6607
振替　00360-0-36984
URL　http://www.zuisousha.co.jp/
E-Mail　info@zuisousha.co.jp

装丁　塚原英雄

印刷　モリモト印刷株式会社

定価は裏表紙に表示してあります／乱丁・落丁はお取りかえいたします

 ISBN978-4-88748-381-1